岡　山　文　庫

314

目(め)で見(み)る岡山弁(おかやまべん)

吉田(よしだ)　則夫(のりお)

日本文教出版株式会社

岡山文庫・刊行のことば

岡山県は古く大和や北九州とともに、吉備の国として二千年の歴史をもち、遠くはるかな歴史の曙から、私たちの祖先の奮励とそして私たちの努力とによって、現在の強力な産業県へと飛躍的な発展を遂げております。

小社は創立十五周年にあたる昭和三十八年、このような歴史と発展をもつ古くして新しい岡山県のすべてを、〝岡山文庫〟(会員頒布)として逐次刊行する企画を樹て、翌三十九年から刊行を開始いたしました。

以来、県内各方面の学究、実践活動家の協力を得て、岡山県の自然と文化のあらゆる分野の、様々な主題と取り組んで刊行を進めております。

郷土生活の裡に営々と築かれた文化は、近年、急速な近代化の波をうけて変貌を余儀なくされていますが、このような時代であればこそ、私たちは郷土認識の確かな視座が必要なのだと思います。

岡山文庫は、各巻ではテーマ別、全巻を通すと、壮大な岡山県のすべてにわたる百科事典の構想をもち、その約50%を写真と図版にあてるよう留意し、岡山県の全体像を立体的にとらえる、ユニークな郷土事典をめざしています。

岡山県人のみならず、地方文化に興味をお寄せの方々の良き伴侶とならんことを請い願う次第です。

はじめに

方言は「口ことば」であり、通常、文字に書かれるものではなく、耳に聞こえるもので、目には見えない。

ところが、街に出てみると、看板や幟(のぼり)、ポスターやチラシなどに、文字で書いてある方言が目に入ることがある。なかでも、いろいろなお店の名前に、方言を文字で表記したものが目に付くことが少なくない。

また、近年、新聞、雑誌、パンフレットなど、さまざまな媒体に、しばしば、文字に書かれている方言を見かけるようになっている。

共通語による表現に換えて、敢(あ)えて方言を選択して文字にしていることには、明らかな意図がある。言うまでもなく方言の効果をねらったもので、その効果とは、簡単に言えばその土地らしさを魅力的かつ印象的に感受させる力である。

文字に書かれる方言は、地元の人には愛着と一体感の心情を支えるものとして、また、外来者には好奇心と癒しの心情を喚起するものとして、機能している。

本書では、文字で書かれている岡山弁を多方面に渉猟（しょうりょう）して、どのような岡山弁がどのような媒体に活用されているのか、その実態を明らかにしようと試みた。ここにみられるものは、平成の時代にまぎれもなく生きて活用されている岡山弁の興味ある生態ということができる。来るべき令和の時代には、本書に見られるような事象がどのように推移してゆくのか興味をひかれる。

平成三十一年四月

吉田　則夫

目で見る岡山弁／目次

2　岡山弁によるネーミング（命名）…57

3　ポスター、広告、チラシ、ビラに見られる岡山弁……93

4　岡山弁の方言グッズ……117

カバー写真／備中県民局ポスター
笠岡駅前通り大黒天
ＪＲ山陽本線吉永駅２番ホーム
扉写真／レストラン「ぼっこう」小型マッチ

1 街なかで見られる岡山弁

街なかには、多様な言語景観が広がっている。広告塔、看板、案内板、掲示板、懸垂幕（垂幕）、横断幕、幟（旗）、ポスター、貼り紙など種々の媒体に、じつにさまざまな文字情報があふれている。また、お店や事業所・施設、いろいろな建築物や建造物にも名前が付いている。

これらの文字情報は、字種としては漢字、ひらがな、カタカナ、ローマ字（アルファベット）、そしてその組み合わせによって、またそれぞれの文字のロゴも工夫されて、百花繚乱の様相を呈している。

そのような言語景観にあって、ひときわ異彩を放っているのは、地域の方言を文字にしているケースである。量的には圧倒的優位の共通語文字情報の中に、およそ文字情報としては異質の方言の語句が目に入ると、それだけでもインパクトになるのである。

以下には、平成の時代、岡山市を中心に、街なかで見られる岡山弁の生態について順を追って眺めてみたい。

おいでんせぇ（いらっしゃい）

まずは、岡山弁によるメッセージのなかで、第一に採りあげられるものとして、歓迎、歓待のメッセージの「おいでんせぇ」がある。まさに、岡山県下の至るところで、「おいでんせぇ」を見かける。

・東はＪＲ山陽本線吉永駅ホームの**「おいでんせぇ吉永」**

・西は笠岡駅前通りの「おいでんせぇ笠岡へ」（表紙カバー参照）

・北は勝山の**「おいでんせぇ勝山」**

・津山バール横丁の**「おいでん**

しゃん！」

・倉敷の「おいでんせぇ倉敷」（倉敷シティプラザ西の地下）

・倉敷美観地区の酒房八重の**「おいでんせエ八重」**

・後楽園、城見茶屋の**「おいでんさい」**

・岡山観光コンベンション協会の「**おいでんせぇおかやまへ！**」
・十月末の山陽新聞社「さん太マルシェ」の「おいでんせぇ食・遊・楽」
・カイタックコーポレーションのローマ字書きの「**OIDENS^e**」

最後の例は、岡山市昭和町のカイタック

コーポレーションの玄関前の石柱に、意表を突くアルファベットで書かれている。その文字は石像の下のほうに小さく見過ごしてしまいそうな代物で、「ＯＩＤＥＮＳ＾ｅ」と刻まれている。

はじめのうちは気がつかなかったものの、ふと、この石像の裏側に回ってみると、はたして「流」と刻まれていた。香川県で制作していた世界的な彫刻家「流政之（ながれまさゆき）氏」（一九二三―二〇一八）の作品で、さすがに個性的と改めて納得したことである。

OIDENSê
OIDENSê

「いらっしゃい」に当たる岡山弁は、「おいでんせぇ」の他に、「来られぇ」「来ねぇ」「来んちゃい」があって、それぞれ、備前、備中、美作の表現として、しばしば話題となっている。

こられぇ＝備前

・**「後楽座へこられぇ」**（岡山市田町の大衆演劇の劇場）

・**「古来礼（こられ）」**（岡山市内山下の鉄板焼ステーキ店）

きんちゃい＝美作

・きんちゃい・ほーる（津山市アーケード街）

なお、備中の「来ねぇ」についてては、どうも文字で表したものは見当たらない。恐らく「来ねぇ」という語形が、極めて短いため、これでは充分な歓迎、歓待の表現とは成り難いのかと思われる。従って備中では、キャッチフレーズやネーミングには、「来ねぇ」ではなく、「おいでんせぇ」のほうを選ぶのではないかと考えられる。

因みに、高梁市の備中松山城を訪れた際、次のような看板を目にした。

・「備中松山城へ　よくぞまいられた!!」

これは、城という場所柄、武士ことばらしく「まいられた」を用いたものであろう。

ところで、「おいでんせぇ」と「来られぇ」「来んちゃい」とでは、使い方に微妙な違いがある。「おいでんせぇ」の場合は、勧誘の表現「いらっしゃってください。」として用いるとともに、目の前に来た相手に「いらっしゃい。」と歓迎の挨拶としても使える。それに対して「来られぇ」や「来んちゃい」は勧誘表現としてのみ用いられる。目の前にやってきた相手に「来られぇ。」や「来んちゃい。」と挨拶することはない。

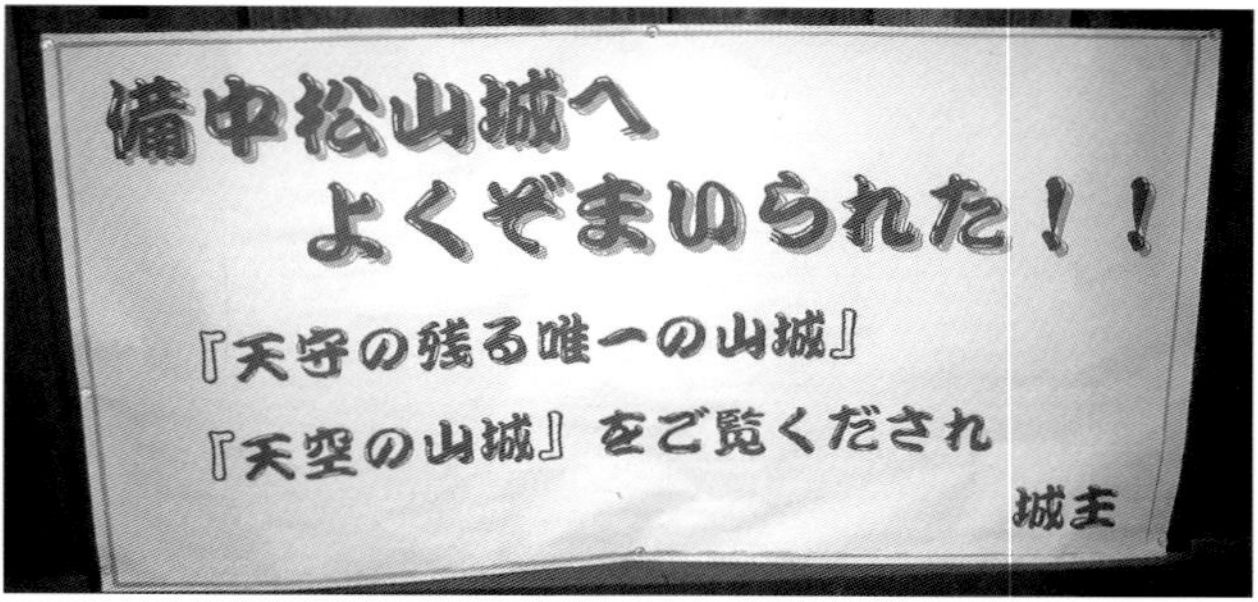

ぼっこう・ぼっけぇ（すごく、すごい）

さて、街なかのお店の名前やキャッチフレーズには、いろいろと工夫を凝らした岡山弁が用いられている。何といっても岡山弁の横綱格の「ぼっこう」「ぼっけぇ」がとりわけ注目される。

- **「ぼっこうそば　水仙亭」**（津高　和そばのお店）
- **「ぼっこう寄席」**（岡山大学落語研究会）
- 「ぼっこう」（岡山市西古松の食堂）
- **「ぼっけゑラーメン」**（岡山市下石井のラーメン店）（P11参照）
- **「ぼっけぇ芝居じゃ」**（岡山市田町の後楽座）
- **「ぼっけえにゃー」**（岡山市表町の三丁目劇場）
- **「ぼっけぇ旨い」**（岡山市柳町の串焼屋）
- 「ぼっけぇうめぇで！岡山産。」（キリンビールの宣伝）
- 「ぼっけぇウマい！ほっけ」（倉敷中央通り沿いの居酒屋）

因みに、「ぼっけゑラーメン」の「ゑ」は、旧仮名のワ行の「ゑ」で、その発音はローマ字でｗｅと表記できる。従ってこの店名を旧仮名どおりに忠実に音声化してみると「ボッケウェーラーメン」となるはずである。しかし恐らくそれは店主の意図とは違うのではないか。思うに、岡山弁をいっそう土着の発音らしく見せるために、敢えて旧仮名の「ゑ」で書き表したものと思われる。

頌
しょう
ぼっけぇ旨い!!

ぼっけえにゃ～
みなさ～ん！出番ですヨ
3丁目劇場

でえれぇ（すごく、すごい）

「ぼっけぇ」とともに並び称される「でえれぇ」も、県内のあちこちで目にする代表的な岡山弁である。

・**「でえれぇ！安いでぇ〜」**（倉敷駅西側のスーパーの特売日）
・「でーれー　Ｂｏｏｋｓ」（岡山高校図書館による高校生向けのおすすめ本コンテスト）
・**「でぇれぇドッグ」**（港町下津井魚島フェスティバルｉｎ回船問屋）
・**「でーれー　うめー　岡山海苔」**（岡山市丸の内　児島湾漁村センター）
・**「でえれ〜体験　ぼっけ〜感動」**（岡山市伊島町　生涯学習センター）

これらは、いずれも程度のはなはだしい状態を表しているもので、「すごく・すごい」と共通語訳できる。この語の本来の用法は肯定否定のどちらの強調にも用いられるが、街なかで見られるものは、だいたいはポジティブな意味合いで使われている。

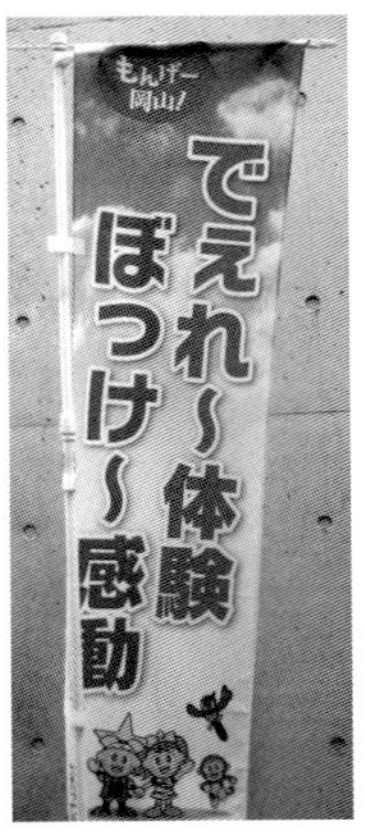
もんげー岡山!
でえれ～体験
ぼっけ～感動

毎月一日は
でぇれぇ!
でぇ～
たまねぎ
メークイン
西洋にんじん
18
198
350
味わいバナナ

でえれえドッグ
焼き立て!
ボリューム満点!
パリッとジューシー!
500円

でーれーうめー
こりゃーうめー!!

もんげぇ（すごく、すごい）

さて、「ぼっけぇ」「でえれぇ」の次は問題の「もんげぇ」である。岡山県の公式キャッチフレーズとして「もんげぇ岡山」が登場して以来、賛否両論、山陽新聞の「ちまた欄」などを賑わしたことがあった。どちらかというと、「そんなことばは使わない」という否定派の方が優勢だった。「もんげぇ」は現在、街なかではどうなっているのだろうか。

・備中県民局のポスター「でえれー、ぼっけー、もんげー」
（倉敷シティプラザ）

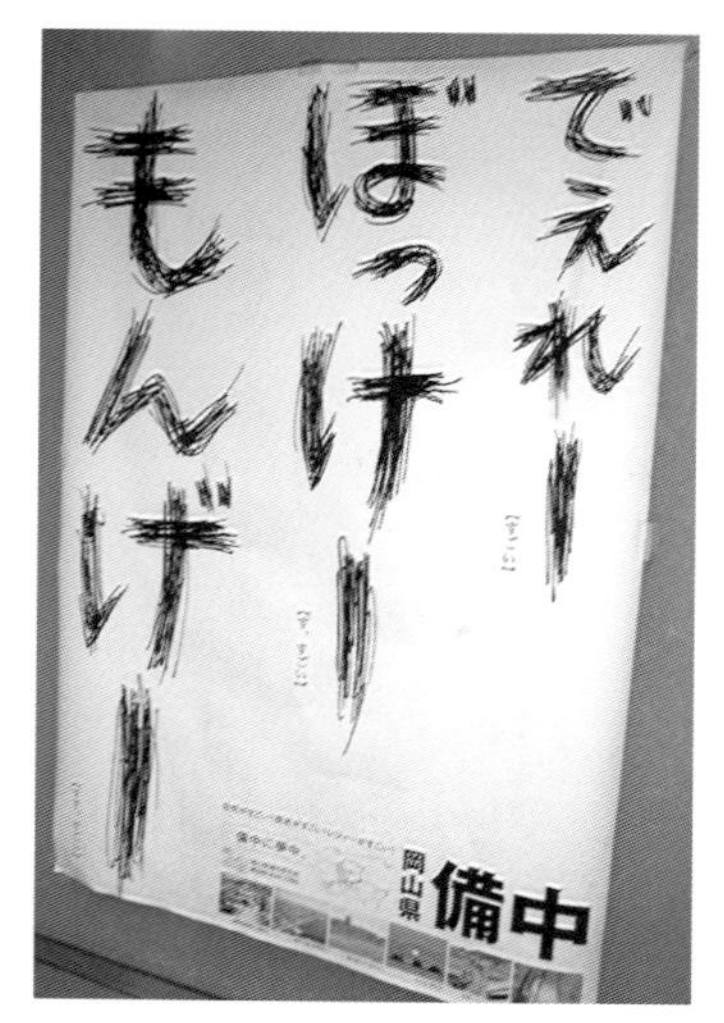

・岡山駅前商店街の居酒屋「もんげー磯家」
・倉敷えびす通り商店街「うちとこのもんげエ～もん」
・岡山市大供の国道上の交通横断幕「運転中ぼっけー近くに　もんげー危険」
・「君ならできるもんげー体験」（日本ボーイ

スカウト岡山連盟）

備中県民局が作成した大形ポスター**「でーれー、ぼっけー、もんげー」**（P26参照）は、倉敷駅前の倉敷シティプラザの地下飲食街に今も数枚貼ってある。よく見ると、「でえれー」には〔すごい〕、「ぼっけー」には〔す、すごい〕、「もんげー」には〔すす、すごい〕とそれぞれ下に小さく書いてある。英語の形容詞の原級、比較級、最上級にもなぞらえている。

また、岡山駅前商店街にある居酒屋は、店頭に掲げたキャッチフレーズで、「ぼっけー」「でえれー」「もんげー」の三つを使用している。この中では「もんげー磯家」と店の名前を修飾している「もんげー」が、この位置関係からも、最も強い強調のことばとして用いられているようにもみえる。

倉敷のセンター街やえびす通り商店街のお店の店頭には、**「うちとこの〝もんげェ〜〟もん」**の掛け軸がいくつも目に付く。それぞれのお店の自慢の販売の品を、写真で宣伝しているものである。これは、岡山県立大学デザイン学部の学生さん達が倉敷の商店街を盛り上げるために取り組んだプロジェク

うちとこの
"もんげぇ"もん
シーフードミックス
香里園

うちとこの
"もんげぇ~"もん
お一人さまでも気軽に入れるお店

うちとこの
"もんげぇ~"もん
木・竹・漆器とかごのお店
手仕事の店 倉敷民芸

うちとこの
"もんげぇ~"もん
朝は、イノダコーヒーの香りから
其楽堂

トによるものだそうだ。聞くところによると、十五年くらい前からのもので、岡山県の例の「もんげー岡山！」のキャッチフレーズより以前からのものという。

岡山市役所近くの大供の国道陸橋に掲げてある横断幕には、**「ぼっけー近くに」**と**「もんげー危険」**とが対句的に用いられている。交通安全の標語として秀逸（しゅういつ）で、この場合、「危険」を修飾している「もんげー」の方がより強い強調として使われているようにみえる。

日本ボーイスカウト岡山連盟の**「君ならできるもんげー体験」**、これは、岡山県の補助事業で、恐らく岡山県のキャッチフレーズ「もんげー　岡山！」を意識してこの語が選ばれたのだと思われる。

ぶち・ばんこ（すごく、すごい）

使用例は限られているが、強調のことばとして他に「ぶち」と「ばんこ」がある。

・**「ぶち」**（笠岡市のホルモン焼肉店）

・**「ぶち」**（岡山市柳町のバーベキュー店）（Ｐ70参照）

・**「ばんこうめぇ鶏」**（岡山市駅元町の焼鳥屋）

「ぶち」は、山口、広島が本場の強調表現（強調の副詞）で、それが岡山にも進出しているものと思われる。岡山県西部の笠岡市にあるのはその進出例といえる。

「ばんこ」を見かけたのはこの一例のみだが、岡山市の中心部にあるそのお店はチェーン店でもあり、来歴を知る上で貴重な例である。「ばんこ」は男性の若者が用いるという情報もある。

じゃ（〜だ）

岡山の人が普通に岡山弁で話しているのを、岡山以外の人が聞いた時、まず最初に耳障りに感じるもの、耳立つものに聞こえるのは、恐らく「ジャ」という音ではなかろうか。「ジャ」は文末に位置して、断定とか指定の意味機能を持つ助動詞である。「ジャ」と単独で出てくる他に、「ジャケン」「ジャケー」「ジャカラ」「ジャケド」など、接続詞や接続助詞としても用いられるので、いきおい、普通の会話に頻繁に出てくる。

この「ジャ」は、関西弁の断定の「ヤ」に比べると、音の響きに強いインパクトがある。濁音なので耳立つのである。また、古典語からの連続という、その素性もあってか、やや古めかしい語感がある。おじいさんのことばのような、年寄りっぽい印象があるのはそのせいである。従って、昔話に登場するおじいさんは、日本のどの地域の話でも「ジャ」を使っているわけである。

岡山の街なかで見かける「ジャ」には、多くの、さまざまなものがある。

・「**此処　どこなん？　岡山表町3丁目じゃ　路地裏。**」（千日センター街）
・「**なんじゃ～　かんじゃ～　バージンじゃー!!**」

これは岡山市内のあちこちにあるパチンコ店「バージン」の看板で、このような看板が市内のいたるところで見られる。「なん（何）だ　かん（彼）だバージンだ」という文句を、岡山弁バージョンで言い換えて面白くしたものである。

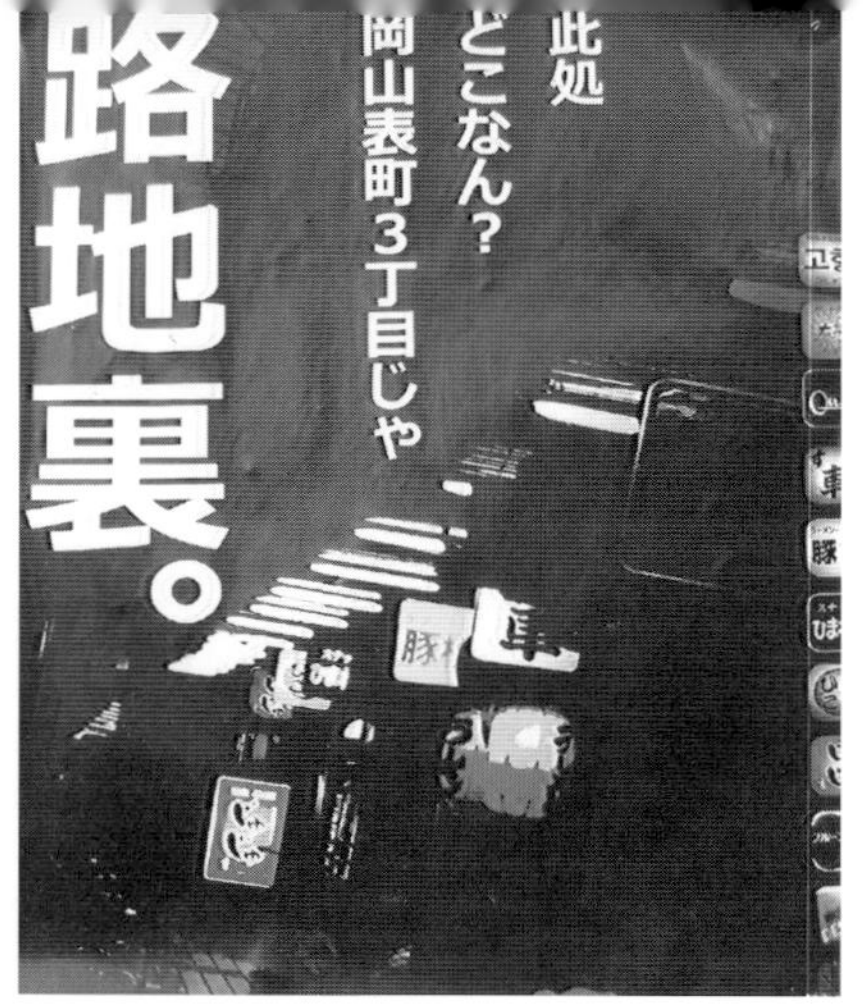
此処
どこなん？
岡山表町3丁目じゃ
路地裏。

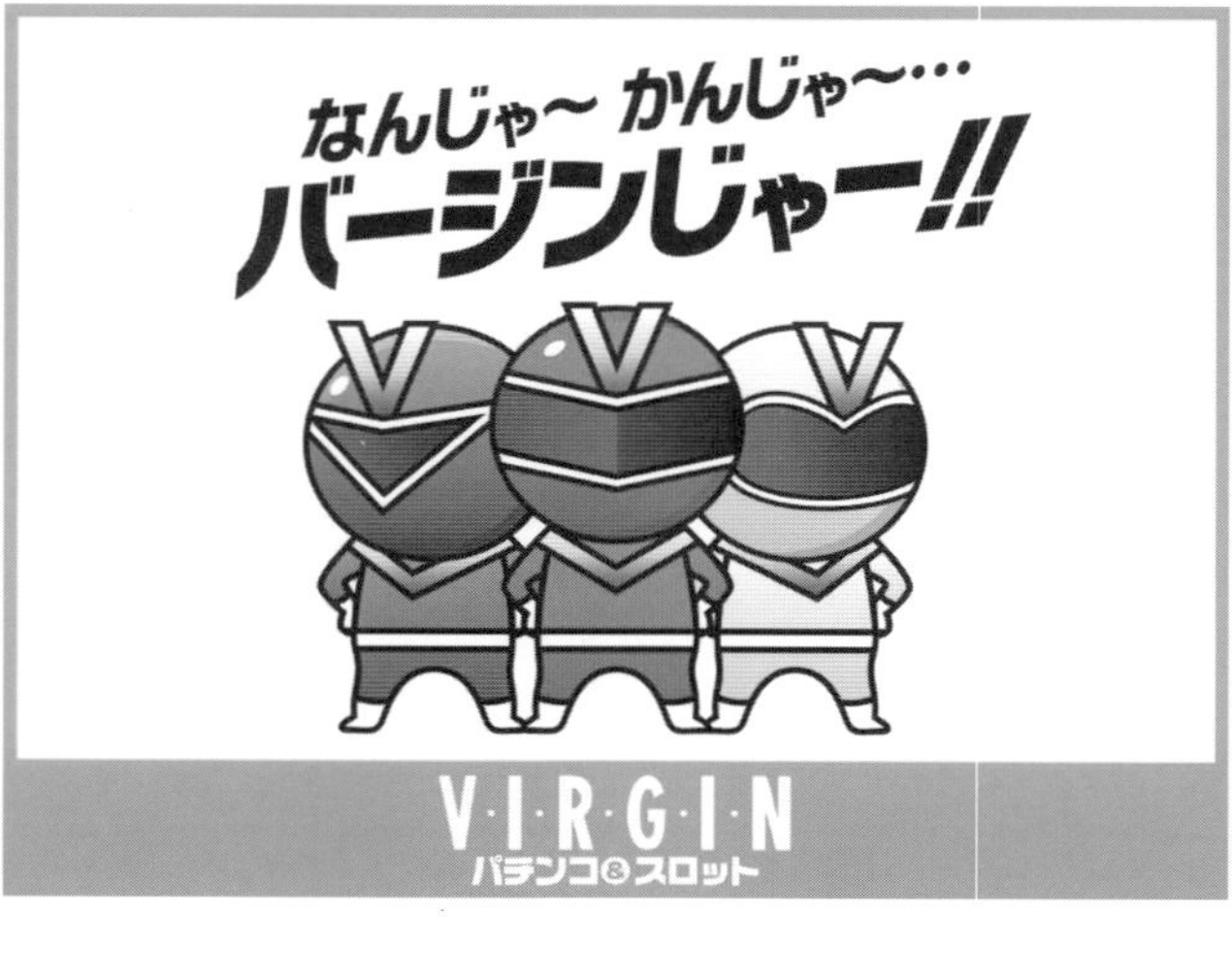

・**「やけるんヂャー」**（岡山市高島の焼肉屋）

これは岡山市内高島にある焼肉屋さんで、お店の壁面をこの大きな看板が占めている。片仮名の「チ」にテンテンの「ヂャー」と表記してあるのが目立つ。実は断定の助動詞「じゃ」は、歴史的にはダ行の「ヂ」の方が語源的には正しく、この表記には、妙に感心させられる趣がある。

・「被害をゼロに防ぐんじゃー　特殊詐欺撲滅」（岡山中央警察署）

・「晴れの国ドライブは　ウインカーを出して安全運転じゃ！」（岡山県警察）

・**「あなたの命をまもるんじゃー！」**（岡山市消防局）

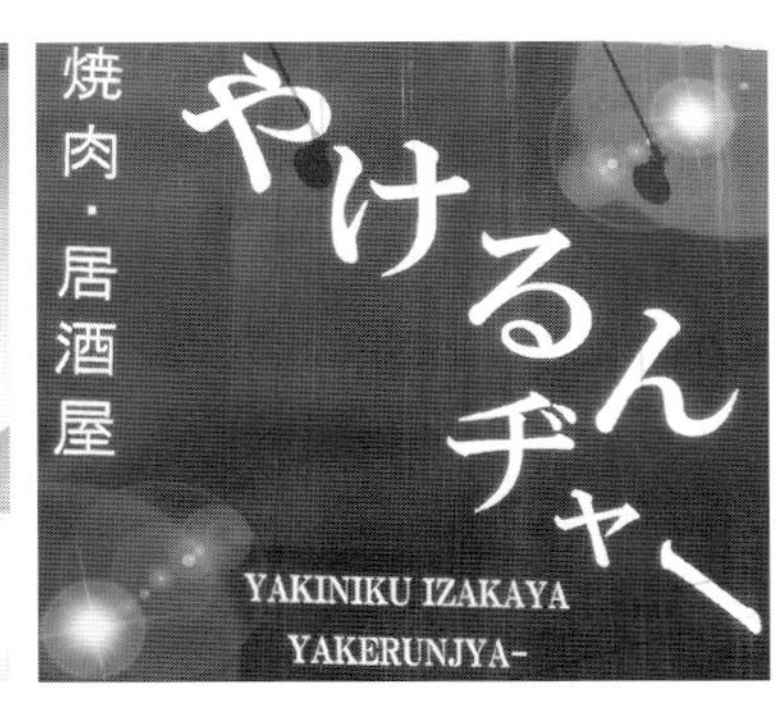

文末に位置する「じゃ」は、手っ取り早く、岡山弁のニュアンスを表すことができる。これらの場合、そこまでの通常の書き言葉の文体が、一転して、文末に岡山弁の「じゃ」をもってくることで、いきおい、岡山県民に訴えかける趣となっている。

・足守駅ホームの観光案内板

これは長い説明文の最後を「じゃ」で終わっている。「じゃ」で締めくくることによって全体を岡山弁の説明らしく見せているのである。

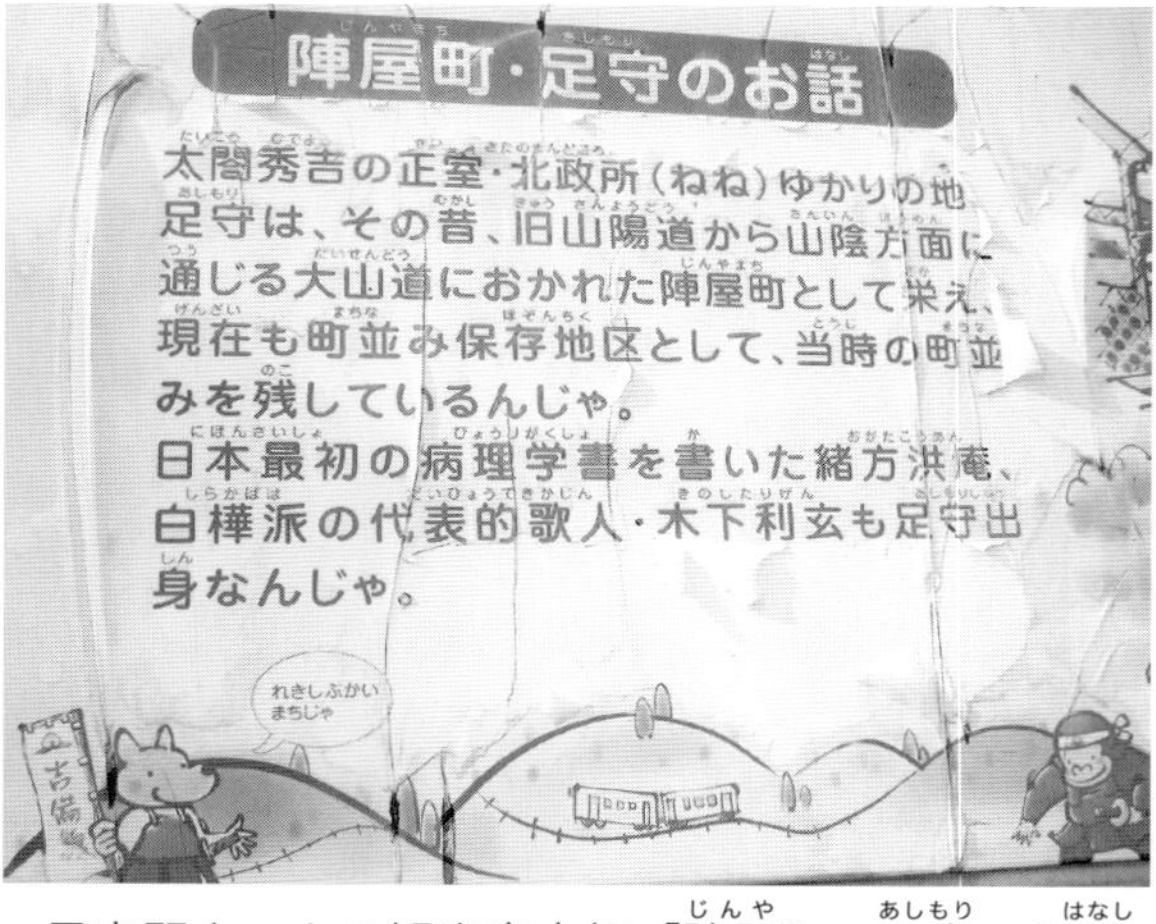

足守駅ホームの観光案内板「陣屋町・足守のお話」

・「なんか好きじゃわ　テレビせとうち」（山陽新聞社テレビせとうちポスター）

このポスターには、若さあふれる四人の笑顔の女性のことばとして「何かすきじゃわ」が呈示されている。これを見ると、岡山では、若い女性の間でも「じゃわ」って言っていることが納得できる。

・**「ええじゃろう」**（表町オランダ通りの和風レストラン）

「じゃ」に関連してとても面白いものがある。「ええじゃろう」という名前のお店があるのだ。岡山市内表町のオランダ通りにある「旬の魚介を中心に、ちょっぴりぜいたくな料理」を提供するお店である。定番のランチには「ええじゃろうランチ」と名がついている。「ええ

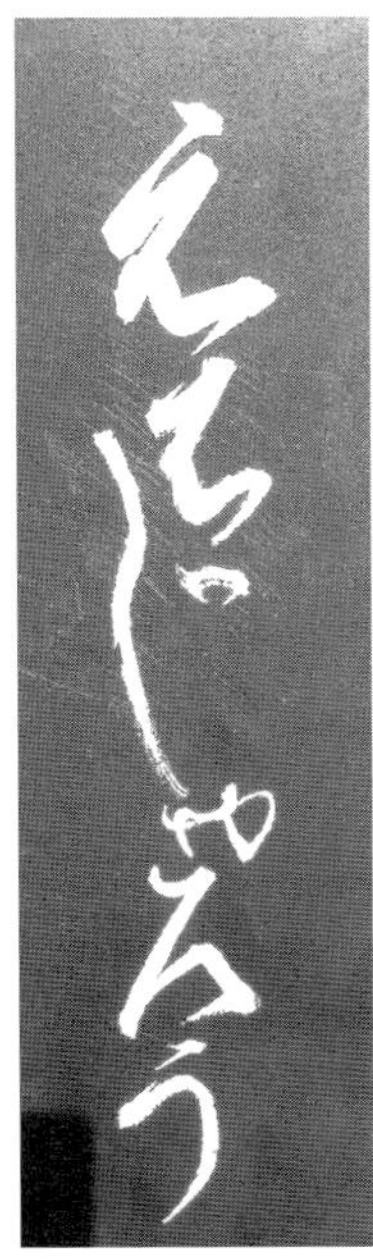

じゃろう」は「良いだろう」という意味である。店の名前に「良いだろう」と命名しているということは、店の側が料理に自信を持っていて、その心意気を表していると解釈することができる。そしてそんなお店の一方的な自慢も、それが岡山弁だからこそお客の側にも好意的に受け容れられるのだと思われるのである。

ばあ（ばかり）

岡山弁の「ばあ」は、副助詞「ばかり」に相当し、これを使った面白いものがある。

・「はればーじゃ」

ＪＲ笠岡駅前の商業ビル一階に「はればーじゃ」という、

笠岡市や近隣市町の特産品などを販売する店がある。店名は、岡山県のキャッチフレーズ「晴れの国」にあやかって、「晴ればかりだ」の意の岡山弁にしたそうだ。ちなみに、ローマ字でも筆記体で、Harevaja と書いているのがおしゃれである。

・「おかやまの酒　ばあ」（岡山駅前商店街　酒ばやし）

岡山駅前商店街の岡山地酒専門店「さかばやし」の看板で、岡山の地酒ばかりを提供しているお店である。

・「銘木ばぁ」

岡山市内石関町にある古くからある材木屋さんの玄関に、横書きで掲げられてある看板である。「銘木」を辞書で引くと、「形・色・木目などに独特の趣のある木

おかやまの酒　ばあ

さかばやし

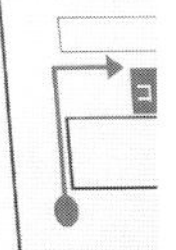

材。床柱などの装飾用として珍重される。」とあり、この材木屋さんはそのような上等の木材ばかりを取り扱っていると自負して、このような看板を玄関に掲げているものと思われる。

岡山弁の「ばあ」は、意味としては「全部が～だ」「～しかない」と言い換えることができる。意味の上でのそのような極めて限定的なニュアンスと、「バー」というインパクトのある音の感触とがマッチしてネーミングに採用されたものと言える。

じゃけん（～だから）

・「岡山じゃ軒」

岡山市内表町の県庁通りから路地に入ってすぐ、居酒屋「岡山じゃ軒」がある。「軒」は「のき」の意で、一軒、二軒と家を数える助数詞でもある。また接尾語として、屋号や雅号に添える語として、例えば「宝来軒」（表町の中華料理店）とか、旭軒（奉還町の食堂）のようにも用いられる。「岡山じゃ軒」は、屋号を表したものである。「オカヤマ

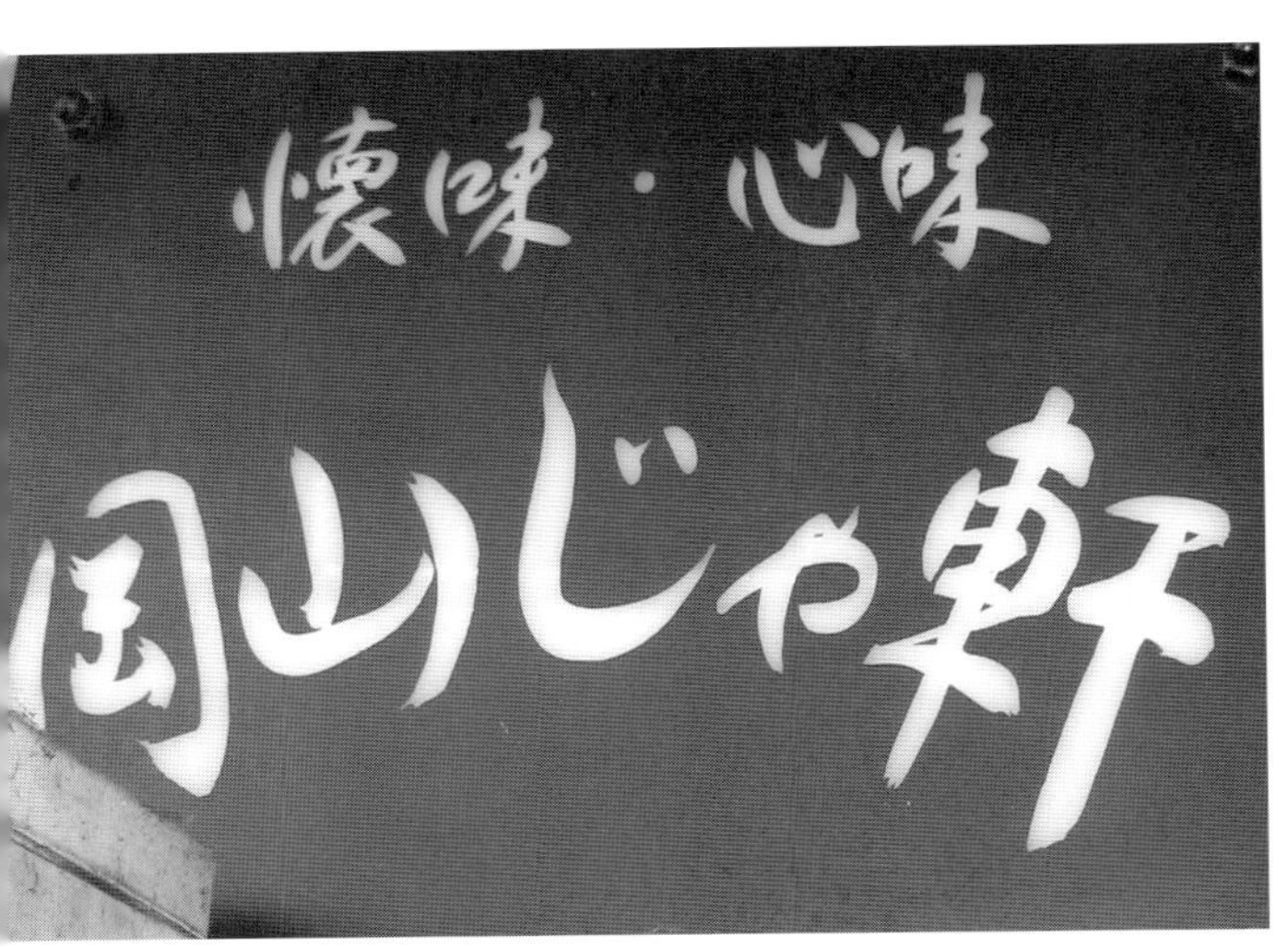

ジャケン」を表面的に受け取ると、「岡山だから」の意味になる。これがお店の名前となると、だから何なんだと、突っ込みを入れて裏の意味を聞きたくなるが、そのちぐはぐな印象が、かえって居酒屋の微妙な雰囲気を醸し出しているような気がする。

ところで、最近、次のようなポスターを目にした。

・「だまされんのじゃ　岡山県」

特殊詐欺被害防止キャンペーンのポスターとして岡山県が作ったものである。岡山シーガルズの三人の選手がプレイしている写真の右上に、この文句（コピー）が配置されている。

横書き三行で、一行目に「だまされん」、二行目は一行目の「ん」の真下から「のじゃ」と続け、三行目にはやや大きな漢字で「岡山県」とある。その「県」が「のじゃ」に続くかのように三文字の真下に位置している。しかも「岡山県」は真ん中の「山」だけが白抜きの文字で、「岡」と「県」とを分離するレイアウトになっている。そこで、これはおそらく「だまされんのじゃ県」と続けることをねらったものではないかと考えた。「ダマサレンノジャケン」と続けた方が、「だまされないのだから！」「だまされるものか！」という気持ちを強烈にアピールしているように思うのである。

因みに、**『まぁ映画な、岡山じゃ県！』**という書名の本が1・2と二冊出ている。これを仮名に表記すると「マー　エーガナ、オカヤマジャケン」となり、「じゃ県」の部分が右の解釈と似たような例となる。

ところが、後日、岡山県立図書館入り口の掲示板に貼ってあったこのポスターのそばに

・「だまされんのじゃ岡山県」

という、縦書きの幟が立てあるのに気づいて驚いてしまった。「だまされんのじゃけん！」と読み取った解釈は、見事、はずれてしまったのである。

しかし、この幟のように、「だまされんのじゃ岡山県」と素直に読んだのでは、「岡山県はだまされない」ということになり、その意味はいまいち、よく分からない。この幟は、このポスターの意図を充分理解していないのではと考えるのだが、いかがなものだろうか。

なあ（ねえ）

・**「自転車に乗らんでな～」**（岡山駅前商店街）

相手に親しく呼びかける岡山弁の終助詞は「ナー」で、「ノー」は少ない。同じ岡山駅前商店街に次のような例がある。

・**「自転車に乗ってはいけません」**

外国人にも呼びかけているものとは言え、この共通語による表現では、右の例と比較してやはり味気ない。

その他、街なかでよく見かけるのが、命令の敬意表現による惹句（じゃっく）・呼びかけである。

・「空気入れてかれぇ～」（岡山市大供）

岡山市役所そばの自転車屋さんのこの大きな看板は、ひときわ目を引く。「遠慮なく自転車のタイヤに空気を入れていきなさい」とのお客へのストレートな表現である。

・「ちょっと待たれぇ!!やべぇで!!2ロックしとる!?」（岡山西警察署）

これは岡山市内某病院の自転車置き場の貼紙である。

・「ようこそ岡山へ　応援しとるけぇ　がんばられぇよ!」（中国総体　岡山駅）

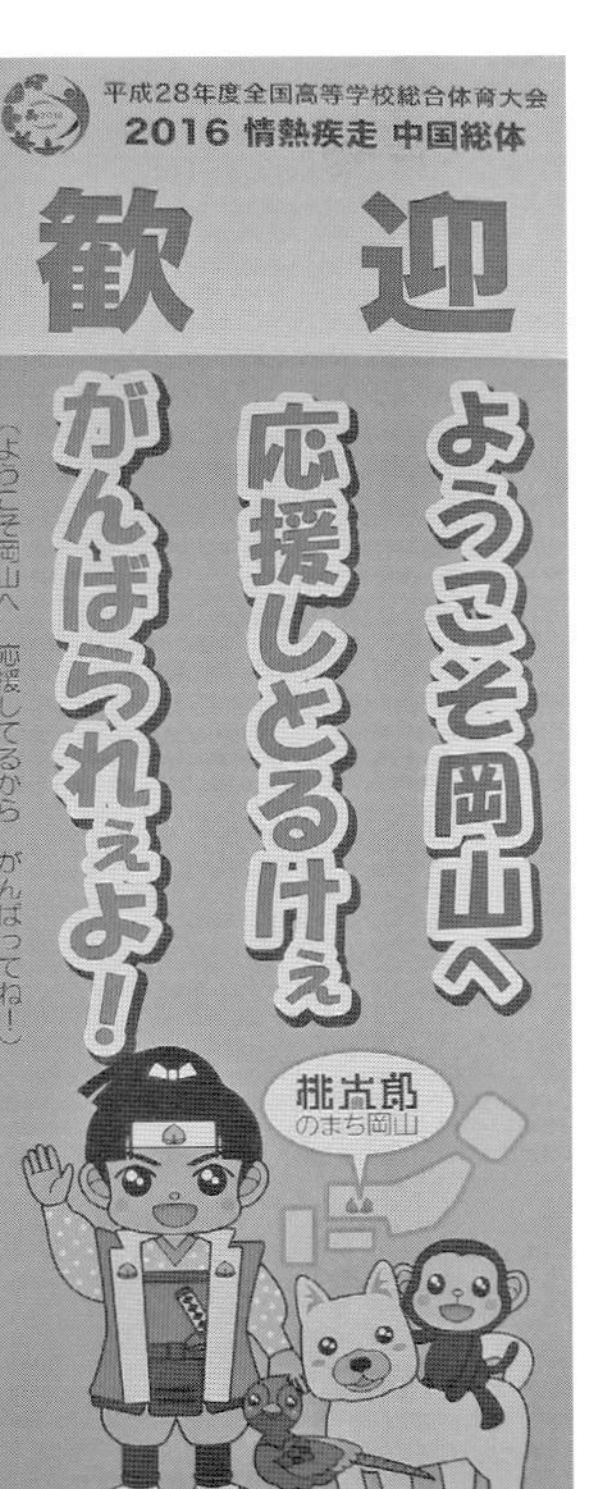

また、岡山弁の特徴的な表現というべき次のような例がある。

・「どけぇか　いくんなら　岡山桃太郎空港」（岡山県庁の懸垂幕）

・「マナー違反撃退レンジャー　イケンガー参上!!　手本にならにゃー、いけんがー!!」（生涯学習センター交流棟）

さて、終わりに、単純な例を付け添える。その土地独特の生き物の方言名称が元となっているものである。

ごんご（河童）

津山では河童（かっぱ）のことを「ごんご」と言う。毎年八月には「納涼ごんごまつり」が開催される。街には津山市が運行するコミュニティーバス**「ごんごバス」**が走っている。**「ごんご通り」**と呼ぶ通り、「ごんちゃん会館」と呼ばれる施設もある。

はんざき（オオサンショウウオ）

真庭市湯原にはオオサンショウウオ保護センター「はんざき」がある。「はんざき」は当地でオオサンショウウオのことを指す。保護センター近くの川に架かっている橋は**「はんざきばし」**である。センター最寄りのバス停は**「はんざき橋」**で、待合所は**「はんざき橋停留所」**の看板がかかっている。

以上、見てきたものは、平成の現在、岡山の街なかで見られる岡山弁である。これらは、岡山の人びとが好感を持って受け留めている岡山弁であることと、そして、地域の人びとの一体感ないし連帯感とアイデンティティを支えている岡山弁であるということができるように思う。

因みに、街なかで見られる岡山弁を探していて、思いがけず目に飛び込んできたのが県外の方言である。県外の方言としては第一に大阪弁に由来するものが挙げられる。

・**「まいどっ」**（岡山市表町千日前の飲食店）
・「まいど」（岡山市万成西町の焼肉店）
・**「おふくろの味　おかん」**（岡山市中央町の居

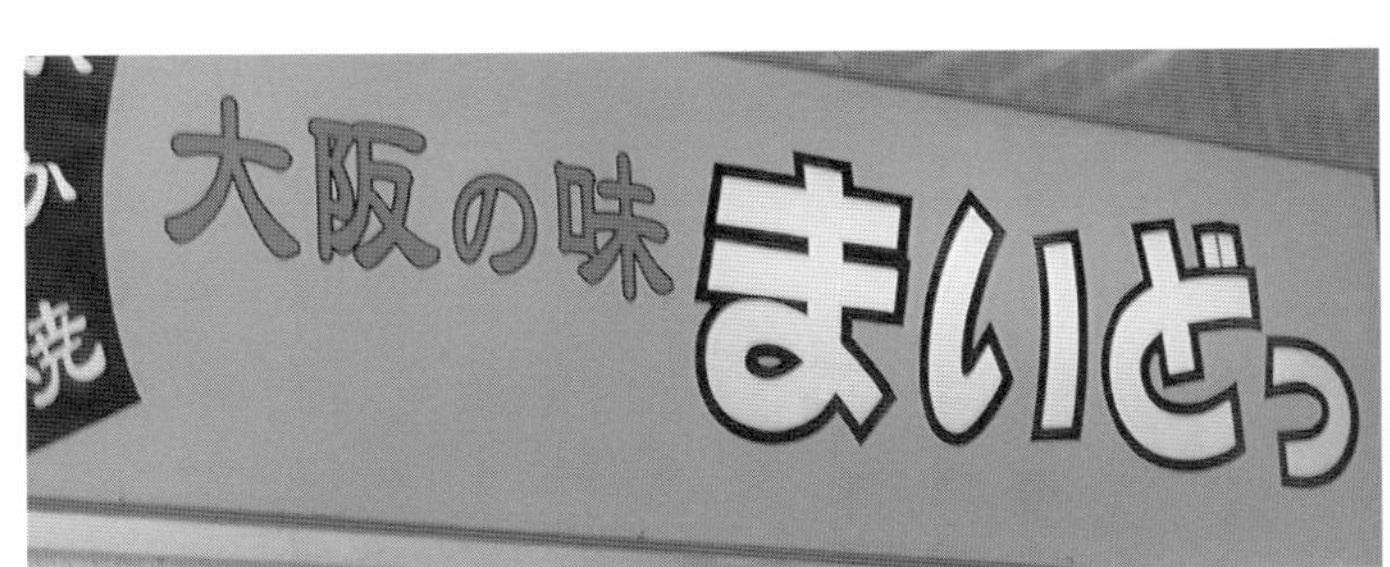

酒屋）
・「おかんの店」（岡山市柳町の居酒屋）
・「おかんを助けてー」（倉敷駅前センター街アルバイト募集の貼り紙）
・**「おかん」**（岡山市新西大寺町の韓国料理店）

最後の例は、韓国語の「オンマ」（おかあちゃん）が「おかん」に当たることを、わざわざ看板に書き添えたものである。

九州地方の方言も、チラホラ、目にする。
・**「ばってん　博多」**（岡山市中央町の居酒屋）
・**「ばり」**（岡山市柳町と野田　博多ラーメンの店）
・「ばり馬」（津山市昭和町のラーメン店）

おふくろの味
ばってん
博多

博多とんこつ
ばり®

・「うまか処　こなべ」（倉敷中央通沿いのしゃぶしゃぶレストラン）

・「あがいやんせ」（岡山市野田のラーメン店）

最後の例は、岡山では珍しい薩摩醤油で仕立てた甘辛スープのラーメンを提供するお店の名前である。「あがいやんせ」は鹿児島弁で、「おあがりなさい」という意味である。ラーメン店「あがいやんせ」は津山市にもある。

北海道方言の代表的なことばで、全国的に認知されているのは「どさんこ」（道産子）で、岡山でも複数のラーメン店でこの例が認められた。

・**「札幌ラーメン　どさん子」**（岡山市野田）
・「どさんこ」（岡山市錦町）

他に、複数の例が見られたものに、出雲方言の「だんだん」がある。

・**「だんだん」**（岡山市西崎町の小規模多機能ホーム）

・「味ごよみ　だんだん亭」（岡山市柳町の居酒屋）

「だんだん」は有名な出雲弁で、「ありがとう」という意味である。その意味と「ダンダン」というリズミカルな音の響きが好まれて命名されたものと言える。

ところで、逆に、岡山弁が県外に進出して、県外の街なかで見られるような例はあるのだろうか。このことが気になって、東方面では兵庫県姫路市、西方面では広島県福山市をその目で散策してみたが、今のところ、そのような事象は認められないようである。

2 岡山弁によるネーミング（命名）

岡山弁によるネーミングの対象は、じつに多岐にわたっている。このことは地域の人びとの日常生活に岡山弁が浸透し活用されている証左（しょうさ）と言える。以下、一つひとつ項目を立てて、岡山弁を用いた命名の多様な実態を整理してみたい。

○お祭りの名称に、岡山弁が用いられているもの

以下、おおむね、四月〜翌年三月の順に列挙する。

・たけべの森　はっぽね桜まつり（岡山市建部町）
「はっぽね」はこの地域の方言で、「ものごとの中心」を意味する。

・ひったか（笠岡市）
「ヒッタカは、源平合戦の折の、無名戦死者の霊を慰めるためにする」

「オシグランコが行われた夜、子供たちが主役となって、ヒッタカが実施された」（『ヒッタカ』一九七八　笠岡市教育委員会）

「「おしぐらんこ」と「ひったか」は毎年陰暦5月5日、即ち菖蒲の節句当日、昼と夜とに分かれて催された民俗行事である。「昔、松明を山上で高く焚き両山大いに気勢を揚げ合った事より「火を高く焚く」事をそのまま「ひったく」から「ひったか」へと今に呼称せられて来たわけである。」（『金浦要覧』一九三六）

・**おしぐらんご**（笠岡市）

「此の地方の方言として、櫓を漕ぐ事を櫓を押すといふ、又駈足競走の事を「かけりぐらんご」といふ、これから推して「ぐらんご」と言ふ言葉は競走といふことと同意義である。即ち「おしぐらんご」は「船漕ぎの競漕」といふ事である。」（『金浦要覧』一九三六）

・**棚田きんちゃいまつり**（美咲町）

日本の棚田百選に選ばれている大垪和西棚田でのイベント。新緑の棚田で、コンサートや特産品の販売などが行われている。

・**笠岡よっちゃれ**（笠岡市）

笠岡市の夏の一大イベント。踊り連が「よっちゃれよっちゃれ」の掛け声で踊り、神輿が練り歩く。

・**勝田あんこうまつり**（美作市）

美作市の北部（旧勝田町）を流れる梶並川の上流に棲息する特別天然記念物のオオサンショウウオのことを、この地域では「あんこう」と呼んでいたことから命名されたお祭り。

・**津山納涼ごんごまつりIN吉井川**（津山市）

八月上旬に津山市で行われる。吉井川の河童（津山地方の方言で「ごんご」）

伝説にちなんで、思い思いの河童をイメージした衣装を着て練り踊る「ごんごおどり」や花火大会が行われる。

・うらじゃ（岡山市）

岡山市中心街で、毎年八月の第一日曜日とその前日の二日間にわたって開催される「おかやま桃太郎まつり」のメーンイベントが「うらじゃ」である。桃太郎のモデルとなった吉備津彦命と、鬼神「温羅（うら）」との戦いを描いた「桃太郎伝説」を基にしている。

「うらじゃ」を共通語に言い換えると「温羅（鬼神）だ」となり、このわずか三音節の短い語形で、祭りの名称として定着している。それは「うら」の意味が、一見、分かりづらい

ことと相俟って、岡山弁の断定助動詞「じゃ」が安定感をもたらしている効果のようにも思われる。

・はんざき祭り（真庭市湯原）

真庭市湯原温泉街で八月八日に開催される。国指定特別天然記念物のオオサンショウウオ（当地で「はんざき」と呼称）にちなんだ祭。はんざきの霊をまつる祠「はんざき大明神」に祝詞とお経をあげてはんざきの魂を鎮め、「はんざき山車」、「はんざきねぶた」が真夏の温泉街を練り歩く。「ハンザキ」の語源は、「大きく口を開けると体が半分に裂けたように見えるから」、また、「体が半分に裂けても生きていると伝えられるほど生命力が強いから」など、諸説ある。

・マンガ絵ぶたまつり（高梁市）

漫画の町、高梁市川上町の夏祭り。東北地方の「ねぶた祭り」にあやかり、迫力のあるユニークな「絵ぶた」が鮮やかに闇を彩り、人びとの目を楽しませる。

・富ひらめ祭（鏡野町富ふるさと公園）

岡山県北中部の鏡野町では、淡水魚の「アマゴ」や「ヤマメ」のことを「ヒラメ」と呼んでいる。美しい水資源に恵まれた富地域に生息するヒラメ（＝アマゴ）をはじめとする地域の魅力を体験する祭り。

・作州くせぼっこう祭（真庭市）

旧遷喬小学校を会場に特産品の販売やステージショーが開催される。

・てっちりこ祭り（みずの郷　奥津湖とんど祭り）

奥津地区伝承の「てっちりこ」（藁細工の「てっちりこ」で御腹や肩・腰などをたたいて安産や健康を祈願）による昔ながらの祭り。お正月のお飾りや書初めを積み上げて燃やし、その年の無病息災を願う。

・でゑれ～祭（岡山市内山下）

旧内山下小学校を会場として行われる食とトーク＆ライブの地域の祭り。

○イベントの名称に岡山弁が用いられているもの

・きんちゃい！美作国マルシエ

これは、岡山県の県北のグルメをＰＲする地域物産展である。

・**なんしょん？　あさくち　お得市**（浅口市鴨方町）
これは、地元企業がお値打ち価格で販売する物産展・マルシェ。

・**岡山弁はええもんじゃ～ことばの祭り・建部～**
建部町で毎年開催される岡山弁協会主催の岡山弁大会。

・**吉野きんちゃい朝市**（美作市　吉野きんちゃい館）

・**調子はえーんじゃフェスティバル**（岡山市保健所健康づくり課）

・**みんなこられぇ～、ぼっけーおもれー　ESD**（岡山市京山地区ESDフェスティバル）

○組織や団体の名称に岡山弁が用いられているもの

・**みゅーじかる劇団　きんちゃい座**（津山市）
津山市を拠点に活動する劇団。一九九七年設立。劇団員を一般公募し、ミュージカルを年齢や性別に関係なく誰でも気軽に楽しんで、津山の活性化に繋げる。近年は、地球温暖化防止などを訴える「出前環境劇」で社会貢献も果たしている。

・寅さん津山へきんちゃい会（津山市）

津山へ映画「男はつらいよ」のロケを誘致しようとして一九九三年に結成された。第四十八作「男はつらいよ　寅次郎紅の花」が完成し、一九九六年に解散。事務局長春名啓介『男はつらいよ―津山ロケ日誌―』（二〇〇四　津山朝日新聞社）に詳しい。

・ひるぜん焼そば好いとん会（真庭市蒜山）

平成二十三年（二〇一一）第6回ご当地グルメでまちおこしの祭典！B―1グランプリin姫路でゴールドグランプリを受賞した「ひるぜん焼きそば」を提供するまちおこし団体。

「好いとん」は「好いている」の意。この会のキャラクター「スイトン」は蒜山の妖怪で、悪いことを考えているとスイーとやって来てトンと止まって悪人を食べてしまうという。「好いとん」と「スイトン」とが掛詞に相当する。

・**あしたり岡山**（特定非営利活動法人元気創生プロジェクト）

・**おいでんせぇ岡山**（一般社団法人　移住者ウェルカムネットワーク）

○施設や設備の名称に岡山弁が用いられているもの

一般の人びとに開かれている施設や設備の名まえに岡山弁が用いられている例が見られる。

・**はんざきセンター**（真庭市）

真庭市には国の特別天然記念物のオオサンショウウオの保護・展示施設が

あり、通称、「はんざきセンター」と呼ばれている。真庭では大山椒魚のことを、「はんざき」と言う。最大一・二メートルのオオサンショウウオや幼生など計一〇匹が生息している。また、湯原のハンザキを支えた人びとや研究の歩みについても紹介している。

・建部温泉プール　はっぽね（岡山市建部町）

岡山市北区建部の建部温泉プールは「はっぽね」と名づけられている。「はっぽね」はこの地域の方言で、「ものごとの中心」を意味することばである。

・来んちゃい家（津山市）

岡山県北美作地域への移住希望者

のためのシェアハウス。「来てくださいね」の意の岡山弁で名付けた。

○お店の名前に岡山弁が用いられているもの

・ぼっこうそば水仙亭（そば）

・**ぼっこう**（手打ちうどん・そば　岡山市西古松）

・ぼっけゑラーメン（ラーメン　岡山市下石井）

・麺じゃ工房（業務用中華麺製造販売　津山市）

・古来礼（鉄板焼きステーキ　岡山市内山下）

・やけるんヂャー（焼肉　岡山市高島）

・**ぶち**（バーベキュー　岡山市柳町）

・ぶち（ホルモン焼肉　笠岡市）

・岡山じゃ軒（居酒屋　岡山市表町）

・ええじゃろう（和食レストラン　岡山市表町）

手打うどん・そば
ぼっこう

バーベーQ
グルメ
ぶち
岡山県産 旬の食材 地産地消

・**カフェこちゃえ**（喫茶　岡山市表町）

「コチャエ」は「備前太鼓唄」にある囃子詞（はやしことば）。「こちらへ」の意。

・ののさま＊あん（隠れ家カフェ　岡山市藤田）

・はればーじゃ（特産品販売　笠岡市）

・ぼっけぇ屋（木工品・雑貨販売　成羽町吹屋）

○書名が岡山弁そのもの、また書名の一部に岡山弁が入っているもの

以下、書名については、過去に遡って、戦後から平成までの書籍を可能な限り調査したものである。

『ぼにをどり』岡山芸能懇話会　一九五二（昭二七）便利堂

「ぼに」は「盆」のこと。「ボン」などの撥音（はねる音）を「に」と表記する例は、銭（ぜに）、縁（えに）、分（ぶに）などにもみられる。

『岡山の民話　むかしこっぷり』岡山民話の会　一九六一（昭三六）岡山出版社

『なんと昔があったげな』上・下　岡山民話の会　稲田浩二編著　一九六四（昭三九）

『ぼっこう横町―岡山〝聞いたり見たり〟―』

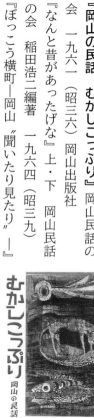

岡長平　一九六五（昭四〇）夕刊新聞社

『ハンザキ大明神』棟田博　一九六九（昭四四）スポーツニッポン社

『三室むかしこっぷり—岡山県阿哲郡神郷町三室昔話集—』柴口成浩・柴口幸子　一九六九（昭四四）自家版

『かっぱとドンコツ』坪田譲治　一九六九（昭四四）講談社

『続・ぼっこう横町』岡長平　一九七二（昭四七）岡山日日新聞社

『どんがめの海　カブトガニの生と死』土屋圭示　一九七四（昭四九）誠文堂新光社

『おやとーちか』文　竹並一喜　絵　河野京子　一九七六（昭五一）自家版

「トーチカ」はザリガニのこと。「おや」は軽い驚きを表す感動詞。

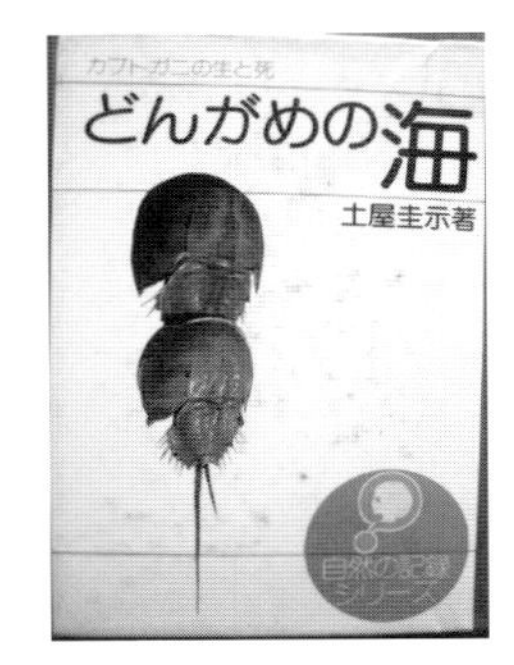

『だらず　ばなし—岡山県勝田郡勝田町・奈義町の昔話—』立石憲利　一九八〇（昭五五）自家版

『ぼっこう玉島』虫明徳二　一九八〇（昭五五）徳二庵

『ぶっちんごまの女』斉藤真一　一九八五（昭六〇）　株式会社KADOKAWA

〝打っちんごま〟というのは、ブリキでできた小さな団子のような筒ごまで、竹の先に着物を裂いたような色紐をくっつけて、それでぶっ叩くとビュンビュン鳴って、叩けば叩くほど倒れないこまだったから、私に似ていたのかもしれません。（同書P10）

『岡山弁はええもんじゃ』近藤光子　一九八九（平一）　その2一九九七（平九）　その3二〇〇七（平一九）ライトフレンド

『おきゃーま　居酒屋「松口」のやっちも

ねぇー一言』松口時三郎　一九九一（平三）自家版

『やってみんちゃい　自然がぼくらに話しかけてくる』子どもの遊びと手の労働研究会岡山支部　一九九二（平四）手帖舎

『いきなりさなぎじゃ、おえんがねぇ―重度障害者が丸木橋を渡ろうとして―』廣瀬よしこ　一九九二（平四）ＭＢＣ21

『わたしたちの富山　今聞いとかにゃあおえんがな』ふるさとを語りつぐ会　一九九六（平八）自家版

『奥備中の方言・ほんにのうや』竹本健司　一九九七（平九）備北民報社

『ぐるうぷ　どんがめ　写真集』ぐるうぷどんがめ　一九九七（平九）写真企画

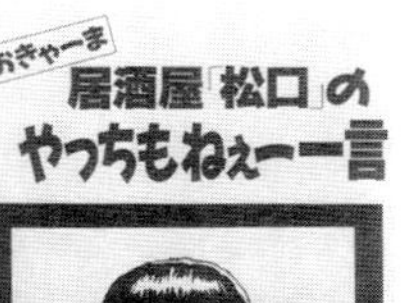

「どんがめ」は農業用水や田圃を這いまわっている亀の呼び名。

『岡山弁JAGA!』 青山融　一九九八(平一〇)アス

『ぼっけえ、きょうてえ』 岩井志麻子　一九九九(平一一)株式会社KADOKAWA

『ぼっこう　ええぞなあ　岡山に生きるクリスチャンの体験』 証し集編集委員会　二〇〇〇(平一二)岡山県宣教の集い

『ごんごの渕』皆木信昭　二〇〇二(平一四)書肆　青樹社

『ぼっけえ恋愛道』岩井志麻子　二〇〇三(平一五)太田出版

『詩集　ごんごの独り言』皆木信昭　二〇〇四(平一六)書肆　青樹社

『岡山人じゃが』岡山ペンクラブ編　二〇〇四（平一六）吉備人出版
同2二〇〇五（平一七）　同3二〇〇七（平一九）　同4二〇〇八（平二〇）
（二〇〇九より年刊の雑誌）
『どねぇかせんとおえん！　馬場勉の平成つれづれ草』馬場勉　二〇〇九（平二一）書肆亥工房
『倉敷物語～はちまん～』三城誠子　二〇一〇（平二二）日本地域社会研究所

ヒロイン藤乃のあだ名は「はちまん」。倉敷弁で元気の良いおてんばさんのこと。

『でーれーガールズ』 原田マハ　二〇一一（平二三）祥伝社
『美術屋・百兵衛　ああ、ぼっけぇ行きたい岡山へ―』二〇一一（平二三）麗人社
『てごしちゃろうか―新庄村・聞き書き集―』

新庄村教育委員会　二〇一二（平二四）

　これは「手伝いをしてあげようか」という意味ですが、なんと温かな言葉だろうと思います。「ひとりじゃ出来んのか」という少しの叱咤と、「手伝ってやらんと」という気遣いと、何より、相手への思いやりに満ちた言葉です。（同書「おわりに」より）

『笠岡でよ～きくことば』二〇一三（平二五）笠岡方言研究会

『シネマ（珍）風土記　まぁ映画な、岡山じゃ県！』世良利和・いしいひさいち二〇一三（平二五）蜻文庫　２二〇一六（平二八）

『岡山弁ＪＡＲＯ?』青山融　二〇一四（平二六）ビザビリレーションズ

『ごんごの思い出』作こぐまじゅんこ　絵やまも

とあきこ　二〇一五（平二七）吉備人出版

『めくってみられ　岡山弁でーれー大辞典』藤本功　二〇一五（平二七）シンコー印刷

『むかしこっぷり　吉備之国の民話』岡山県語りのネットワーク編　二〇一六（平二八）吉備人出版

『みんなでええもんつくろうや！！～桐野宏司ことば集～』桐野宏司　二〇一七（平二九）瀬戸内エンジニアリングｋｋ

『ザキはん』さく・え　Ｕ－ｓｕｋｅ（ゆうすけ）二〇一七（平二九）扶桑社

「ザキはん」は岡山県の湯原温泉に住むオオサンショウウオの男の子。

『トッピング　愛とウズラの卵とで～れえピザ』川上健一（二〇一八　集英社）

○雑誌の名称に岡山弁が用いられているもの

『オセラ』（『Ｏｓｅｒａ』）（岡山の大人のための地域生活情報誌）

岡山県の地域情報誌。岡山弁「オセ（オシェ）」は大人、「ラ」は人を表すことばに付いて複数を表す接尾語。「オセラ」で「大人たち」の意。「おとな、暮らし、ときどきプレミアム」をコンセプトに、瀬戸内近県の上質な情報をお届けすると謳っている。

『岡山人じゃが』（地域総合文化誌　岡山ペンクラブ編）

『JAKEN　じゃけん』（岡山県北タウン情報誌）

誌名について―ＪＡＫＥＮ「じゃけん」とは〔じゃけん〕岡山方言。意味は「だから」。県民にとっ

て身近な方言のひとつ。
「ＪＡＫＥＮ」もそんな身近な一冊になりたい！（同誌より）

○情報誌、広報誌、機関紙などの名称に岡山弁が用いられているもの

『あしたり』（岡山弁協会会報）
『あくら』（岡山市国際交流協議会）
『おかやま　うったて物語　発掘調査瓦版』（岡山市観光コンベンション推進課）
『Ｕｔｔａｔｅ　うったて』（岡山駅発！モノ・コト情報ガイド）

「うったて」は、特筆される岡山弁のひとつである。元来、書道のことばで、毛筆教育が盛んな岡山、香川、福井にみられるという。毛筆で

書く際の文字の起筆、すなわち第一画目の最初に筆をおく部分を「うったて」と言う。しかもその意味から派生して、ものごとの最初、始まりという意味の普通名詞として転用している。「何事もうったてが肝心」というように用いるが、岡山人はこの語とその用法が岡山に独自のものだということを意識していないことが面白い。

『おいでんせぇ』（国土交通省中国地方整備局宇野港湾事務所機関紙）

『おいでんせぇ』（ＡＮＡクラウンプラザホテル岡山）

『ＯＳＫ　こら〜れ』（障害者生活支援センター）

『どねえしょんでぇ』（青年海外協力隊岡山県ＯＶ会会報）

〈例〉

うったて

文

『やっぱりえかろう　おかやま』（子ども未来・愛ネットワーク）

『ぼっけえかさおか　わんぱく宝箱』（笠岡市教育委員会生涯学習課かさおか子どもセンター）

『みんちゃい　つやま市議会だより』（津山市市議会）

○パンフレットの名称に岡山弁が用いられているもの

『どうすりゃーええ?』（「ごみ減量・リサイクルガイド」岡山市環境局）

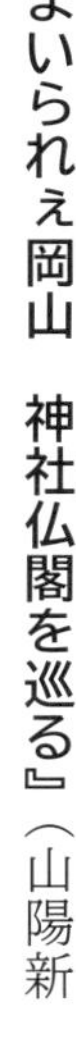

『まいられぇ岡山　神社仏閣を巡る』（山陽新

聞社）

岡山県内の主要な神社仏閣59社寺を紹介している山陽新聞社の無料ガイドブック。お参りや観光で神社仏閣を訪ねる際の便利な冊子である。

『おいでんせぇ～首都圏にある岡山ゆかりのお店ガイド～』（岡山県東京事務所）

『おかやまえぇでぇガイド』（岡山市教育委員会事務局指導課）

地域教材開発プロジェクトの成果。平成三〇年発行。岡山市の小学生、中学生、高校生が、岡山県や岡山市の観光地や名所、行事や伝統文化に関する英語による紹介文を、英語の授業などで作成した作品集。

『元気じゃ農！　岡山の農林水産業』（岡山県農林水産部農政企画課）

『高梁川流域農産物ガイド　ぼっけーうめぇ』（高梁川流域経済成長戦略会議農林水産部会）

『ええじゃねえ　備前おかやま』（岡山県備前県民局地域政策部地域づくり推進課）

『おもれーDAY　OKAYAMA』（岡山市観光課）

『おかやまもんげー美味処』（ビザビリレーションズ）

『うめえなあ！　おもれえなあ！　まったりじゃあ！　新しい笠岡諸島伝』（笠岡市観光連盟）

○リーフレットのタイトルに岡山弁が用いられているもの

「でえれ〜体験　ぼっけ〜感動」（岡山県地域ぐるみで体験の風をおこそう運動推進実行委員会）

「高校生おすすめ本〜もんげーＢｏｏｋｓ〜」（岡山県教育庁生涯学習課）

「きろくる岡山もんげーゼミナール」（岡山県立記録資料館）

「おいしい黄ニラたべてみられぇ〜」（岡山市農協青果物生産組合黄ニラ部会）

○新聞、雑誌、情報誌などのコラムの名称に岡山弁が用いられているもの

・「方言ばあじゃ」（『山陽新聞』）

『山陽新聞』投稿欄「ちまた」のコーナーのタイトル。「バー」は副助詞「ばかり」の岡山弁。全編が岡山弁で綴られる投稿欄。

・「で～れ～　いいもん×うまいもん　吉備の国ふるさと探訪」（『山陽新聞』）

・「おいでんせぇ　店探訪」（『毎日新聞』岡山版）

・「今月のでーれーイケとる看板娘」（『月刊タウン情報おかやま』）

・「うちの自慢、聞いてぇよ～。」（『月刊タウン情報おかやま』）
県下各市町村の首長が登場。

・「岡山県　ホンマのとこ　どねぇなん？」（『月刊タウン情報おかやま』）
県知事が登場。

・「地図なんＪＡＫＥＮ使いんちゃい」（ＪＡＫＥＮ）
見開き二ページで、県北の地図に、本誌掲載の店舗、施設等の名まえを載せているもの。

・「ゆ～ちゃるんじゃけん」（ＪＡＫＥＮ）
読者のハガキ紹介コーナー。

○メールマガジンのタイトルに岡山弁が用いられているもの

・週末行ってみられ〜！　岡山の観光情報（メルマガ「晴れの国」　岡山県総合政策局公聴広報課）
・岡山ええとこじゃけえ！　岡山の魅力発信（メルマガ「晴れの国」　岡山県総合政策局公聴広報課）

○岡山弁のネーミングによる食品

・もんげーバナナ

岡山市の農業法人「Ｄ＆Ｔファーム」が開発した無農薬で皮まで食べられる「もんげーバナナ」が話題になっている。苗に「氷河期を体験させる」というユニークな手法を開発して、南国で育つバナナを岡山で栽培することに成功した。味は濃厚で甘みが強く、無農薬で皮ごと食べられる。当然お値段も高価なのだが売り切れが相次ぐ人気という。「もんげーバナナ」というネーミングは、いろんな面で従来のバナナの概念を超えたことを、「ものすごい」という意味の岡山弁「もんげー」を冠して名づけたものである。

※もんげーバナナの誕生秘話については次の書物に詳しい。田中節三『奇跡のバナナ』（二〇一八　学研プラス）

・はんざきチョコ

真庭市湯原温泉の旅館女将でつくる「しゃくなげ会」が、旭川などに生息する国指定特別天然記念物のオオサンショウウオの形をした「はんざきチョコ」をお土産として作った。オオサンショウウオは「はんざき」と呼ばれ、名前にちなんで山椒味など六種類がセットになっている。

・はんざきサブレ

真庭市の槇本風味堂から販売されているココアサブレで、蒜山産ジャージー牛の牛乳を使用し、味のアクセントに山椒を練りこんだもの。

・みそＪＡ～（みそじゃ～）

笠岡産の大豆をはじめ、地産地消にこだわって仕上げた手もみ糀味噌。ＪＡ倉敷かさや女性部テンペ部会の製造で、ＪＡ（農協）とＪＡ～（じゃ～）の意が兼ねられている。

・ごんごみそ（津山市）

津山高校手芸調理部と津山中学校家庭部の生徒が、青

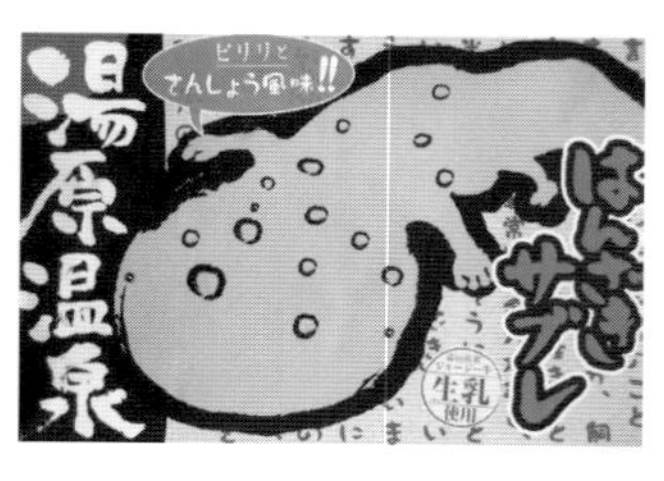

大豆・ごんごまめをはじめとする地元の食材で手作りした特製の味噌。「ごんご」は津山を代表する方言で、河童のこと。

・ごんぼ味噌（真庭市）

・ぼっけえ番茶

・こまご（アマゴの稚魚素焼き）

美作市の養魚センターが、アマゴの稚魚を素焼きにして袋詰めにした商品を開発し、「こまご」と銘打って販売した。「こまご」は、小さいを意味する方言の「こんまい」と、「アマゴ」を組み合わせた混交形という。

○その他、岡山弁による特殊なネーミング

・「帰ってきんちゃい学生登録」

津山市の奨学金返還補助制度。若者の定住促進を目的に、日本学生支援機構などの奨学金の返還金について最大七十二万円の補助が受けられる制度。三年以上津山市に住んで、津山圏域で働きながら奨学金を返すことなどが条件となっている。「きんちゃい」は美作地域の表現で、郷愁を誘うものと言える。

・「のふうぞう」（歌謡曲のタイトル）

「野風増」（のふうぞ）は、一九八〇年に岡山県苫田郡上斉原村出身の作曲家、山本寛之によってリリースされた曲である。「ノフーゾー」とは、中国地方（主に岡山県）などで、「生意気」、「横柄」、「態度が大きい」、「無作法」などの意味の方言である。好ましくない感情を伴って、けっして人を褒めたことばではないが、逆に「大胆さ」、「たくましさ」、「頼りがい」を思わせるニュアンスもある。この歌の歌詞は父親から見た息子へのそのような願望を表現したものと言える。

3　ポスター、広告、チラシ、ビラに見られる岡山弁

毎日の新聞の折り込み広告、街頭で手渡されるチラシやビラ、多くの施設に陳列されているさまざまなリーフレットやフリーペーパーなど、現在の市民生活には紙ベースの情報があふれている。それらの中には、岡山弁を使って人びとの目を引くものが少なくない。

・来んちゃい　来られぇ　おいでんせぇ

岡山県博物館めぐりの旅（岡山県博物館協議会）

岡山県博物館協議会は、備前、備中、美作の三つのエリアにわたる八三の施設が加盟している。三つの地域の「いらっしゃい」に当たる表現を挙げることによって、県下全域に呼びかけているという効果が感じられる。

【文化庁】平成28年度 地域の核となる美術館・歴史博物館支援事業
岡山県博物館協議会25周年記念

来んちゃい 来られぇ おいでんせぇ

平成28年度には協議会設立25周年を記念し、各地域で77加盟館の活動を紹介する写真パネルの展示、交流事業として講演会やワークショップを行います。また7月1日から11月30日の期間でスタンプラリーを開催。加盟館を4館めぐってオリジナルマスキングテープをゲットしてください。

岡山県博物館めぐりの旅

2016.4～2017.3

岡山県博物館協議会は、平成3年に岡山県下の博物館施設が集い、相互連携をはかることにより地域文化の向上をめざして設立されました。加盟館は全県下に広がり、さまざまな館種をそろえることから、本会のネットワークは災害時を含め、文化財の保護、文化振興に重要な役割を果たしています。各館が岡山の文化活動の拠点としてさらに充実した活動ができるよう、今後とも皆様のご支援とご協力をお願いします。

この機会に岡山の多彩で豊かな文化を実感してください。

●加盟館紹介パネル展示スケジュール

77加盟館の活動を写真パネルで紹介するとともに、各種イベントも開催。ぜひご来館ください。

					スタンプラリー実施期間								
会場	3月	4月	5月	6月	7月	8月	9月	10月	11月	12月	1月	2月	3月
岡山シティミュージアム		22…	-5										
赤磐市山陽郷土資料館			13…29										
岡山県立博物館				1-12									
赤磐市吉井郷土資料館				16-30									
倉敷市立美術館					20-31								
ベティスミス ジーンズミュージアム						2…14							
永瀬清子展示室						20…28							
総社市まちかど郷土館							15…	-2					
笠岡市立カブトガニ博物館								8…30					
華鴒大塚美術館									3…27				
岡山県立美術館										16…	……29		
岡山市立オリエント美術館											31	…19	
新見美術館													3…12

主催：岡山県博物館協議会　共催：岡山県、公益財団法人 岡山県郷土文化財団
後援：岡山県教育委員会、公益社団法人 岡山県文化連盟、公益社団法人 岡山県観光連盟　協力：株式会社ベティスミス

おいでんせぇ（いらっしゃい）

・岡山の「道の駅」へおいでんせぇ（岡山県「道の駅」駅長交流会）

・**おいでんせぇ　備前おかやま**（観光パンフレット用ビニール袋）

・なんじゃろーと　おいでんせえ♪（日生カキオコまちづくりの会）

・〝**おいでんせぇ**〟（とと愛ランド・にいみ）

BIZEN OKAYAMA

おいでんせぇ

備前おかやま

“ついでんせぇ”

とと愛ランド・にいみ

- 魚のつかみ捕り
- 釣り堀
- ルアー・フライ専用釣場
- チョウザメ養殖・販売

場所
岡山県新見市唐松2292
第2養魚場地内

TEL(0867)76-1936
FAX(0867)76-1206
http://www.niimi-gyokyou.com
E-mail:niimi-info@niimi-gyokyou.com

利用料金

①釣　堀（ニジマス）

- 営業時間／午前9時より午後4時まで
- 竿1本につき／10匹まで
  2,200円（釣り竿、餌、無料貸し出し）

10匹以上釣り上げる場合
- 追加1匹／**200円**

②魚のつかみ捕り

- 一般用大池
  - ●アユ10匹／**2,500円**
  - ●マス10匹／**2,000円**
- 家族専用小池（要予約）
  アユ・マス
  - ●1組／**1,000円**（1時間単位）
  - ●アユ10匹／**2,500円**
  - ●マス10匹／**2,000円**

③食体験施設使用料

- 調理（ハラ抜き、竹串打ち）
  1匹／**100円**（炭使用料込み）
- 自分で調理される場合は
  炭代 **500円**（10～20匹程度）

※食体験施設内での焼肉等は禁止とします。

④ルアー・フライフィッシング専用釣り場〈特別放流区〉

- 期間／毎年11月1日より翌年アユ竿釣り解禁前日まで
- 場所／とと愛ランドにいみから上流約300m区間
- 魚種／20センチから80センチ級のマス
- 漁法／ルアー、フライを含む竿釣りのみ
  （竿、ウェーダーは各自持参のこと）
- 料金／1日券　**2,000円**
  回数券 **20,000円**（新見漁協2等証票含む）
- 入漁券は、とと愛ランドにいみ内の唐松第二養魚場で販売

こられぇ（いらっしゃい）

・みんなこられぇ～、ぼっけーおもれーＥＳＤ（岡山市京山地区ＥＳＤ）

きんちゃい（いらっしゃい）

・いっぺん食べにきんちゃい!!（津山ホルモンうどん研究会）

・**津山にきんちゃい、見んちゃい、乗りんちゃい**（「津山旅人」中鉄美作バス）

・**来んちゃい久米郡**

（久米郡商工会）

・隠れた名所に　来てみんちゃい！（久米郡商工会）

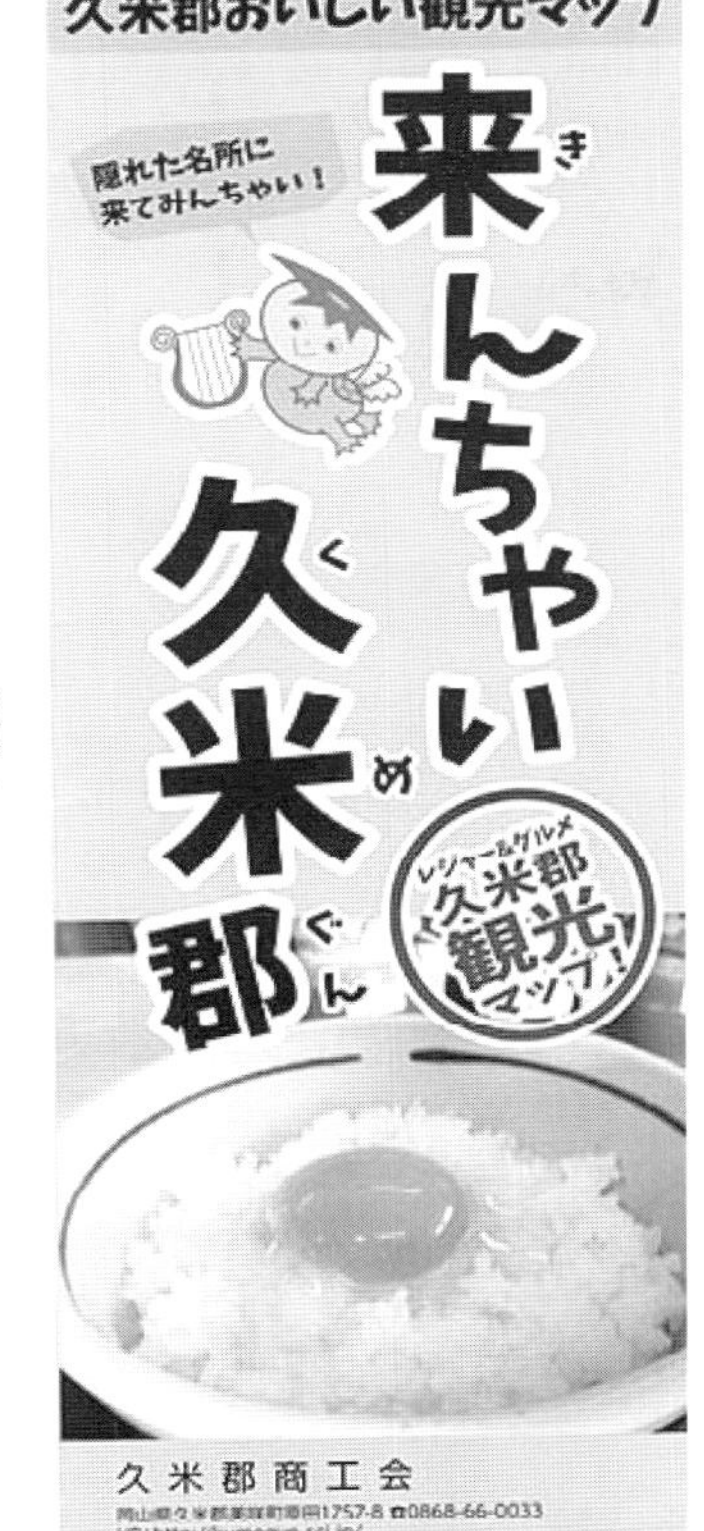

因みに、敬意の命令表現による惹句（じゃっく）は多い。

・こげぇな　うめぇ　まんじゅう、いっぺん食べてみられぇ（菓子処ひらい）

・まぁ、いっぺん食べてみられぇ（岡山ご当地グルメ　おかやま旅ネット）

・まあ　いっぺん　来てみられぇ（岡ビル市場）

・買うていかれえ！（スポーツの森フリーマーケット）

きなはれ（いらっしゃい）

・**いっぺん　食べに　来なはれっ**（日生カキオコまちづくりの会）

「来なはる」は関西の表現で、日生が兵庫県赤穂市と地続きであることがよく表れている事象である。

ぼっけぇ（すごく、すごい）

・ぼっけぇ　うめぇで！　岡山産。（キリンビール株式会社岡山工場）

・**ぼっけぇ！　グルメ岡山**（岡山市料飲業連合組合）

・ぼっけえ安いよー（スポーツの森フリーマーケット）

・**ウムッ！　ぼっけぇ～得じゃが。**（フィットネスクラブ、エグザス）

・ぼっけーええが！！　人権作品集テーマ（『広報くらしき』別冊）

でぇれぇ（すごく、すごい）

・でぇれぇ！　安いでぇ～（天満屋ハピーズ　アリオ倉敷店）
・でぇれー　あちいで（岡山大学祭テーマ　二〇〇五）
・で～れ～Ｂｏｏｋｓ　２０１８（岡山県高等学校図書館ネットワーク研究委員会）
・でぇれ～体験　ぼっけ～感動（岡山県地域ぐるみで体験の風をおこそう運動推進実行委員会）

11/19 sat
20 sun
21 mon
岡山大学祭
2005
10/1(日)
1日限り
毎月一日は
でぇれぇ!
安いでぇ~
¥98
¥798
¥128
夕得
お魚
よりどりセール
精肉
メガ盛りセール
岡山の高校図書館プレゼンツ
でーれ~BOOKS
2018
でーれ~Books
2017
でーれ~Books
2016
でーれーBOOKS2015
岡山の高校図書館プレゼンツ
でーれーBOOKS2014 決定!

もんげえ（すごく、すごい）

・**知れば知るほど、もんげー好きになる！**（岡山商工会議所）
・もんげー　岡山！（岡山県総合政策局公聴広報課）
・**もんげー部　部員募集中！**（岡山県総合政策局公聴広報課）
・**もんげー　ええとこ　備前フェア**（岡山県備前県民局地域づくり推進課）
・ようこそ、もんげー部へ。（岡山県）
・もんげ～寒い冬も、野鳥は元気いっぱい（岡山県自然保護センター）
・**高校生おすすめ本　～もんげーＢｏｏｋｓ～**（岡山県教育庁生涯学習課）

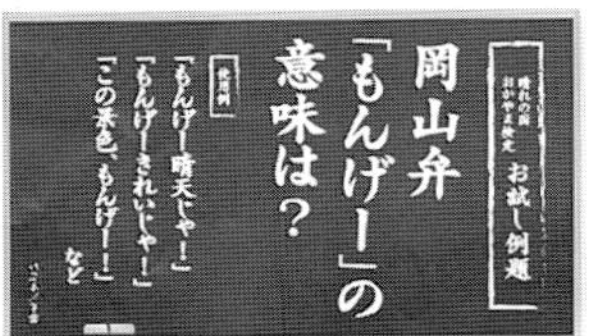

知れば知るほど、もんげー好きになる！これであなたも晴れの国達人！

晴れの国おかやま検定

平成29年2月5日(日)　1,000円(税込)
岡山商工会議所・東京　学歴・年齢・性別・国籍等の制限はありません。
平成28年11月14日㈪〜12月16日㈮　100問

岡山県認定
晴れの国の達人(90点以上)
《特典》
晴れの国博士(60〜89点)
《特典》

こんな方、挑戦求む！
● 観光案内のボランティアさん
● 岡山ラブな学生さん
● 県内観光地はくまなくドライブした！という方
● 観光にたずさわる方
● 岡山出身者のみなさん

これで検定対策
検定応援サイト
「晴れの国 達人への道」で腕試し！
晴れの国 達人への道　検索

主催　岡山商工会議所　共催　岡山県

お問い合わせ先　岡山商工会議所「晴れの国おかやま検定」
TEL.086-232-2266　FAX.086-232-5260
http://www.okayama-cci.or.jp
晴れの国おかやま検定　検索

高校生おすすめ本
〜もんげーBooks〜

県教育委員会では、高校生のみなさんに、読書の楽しさに触れるきっかけにしたり、読書の幅を広げてもらえるように、県内の高校生や先生から「高校生へのおすすめ本」を募集しました。お気に入りの本や思い出の本に、思いのこもった紹介メッセージを付けて、高校生や先生方から1,000件を超える応募があり、この中から105冊を選定しました。

あなたと同じ高校生からの紹介メッセージを読んでみて、気になる本や読んでみたくなった本を、手にとってみませんか？

一冊の本が、自分の心の支えや癒しになったり、自分を成長させてくれたり、自分の世界を広げてくれたり・・・。素敵な本との出会いが、あなたにとって、人生の糧となり、心の財産の一つとなってくれることを願っています。

感動 〜心が震える世界へ〜

家族 〜切ないけれど温かい〜

ほてりき（たいへん、とても）

・ほてりき　うまい！（日生カキオコまちづくりの会）

「ほてりき」は日生町が本場の強調副詞で、「非常に。大変。とても。大いに。」の意。「ほてりきうまい」は「とてもおいしい」「とびきりうまい」の意。

じゃ（〜だ）

・ギャラリーができたんじゃ〜（アートコムギャラリー岡山）
・**うらじゃって　何じゃ？**（うらじゃ振興会事務局）
・**なんか好きじゃわ　TSCテレビせとうち**（テレビせとうち）

じゃけえ・じゃから（～だから）

・せっかく岡山に来たんじゃけぇ（活魚・季節料理　かどや）

・これは典型的な詐欺のハガキじゃからな。（岡山中央警察署）

ええ（良い）

・**ええとこ発見図**（健康市民おかやま21）

岡山市内36の中学校区で、地域各種組織団体の協力で作成。その地域の「ええとこ」（いいところ）を紹介したウォーキングマップ。

・**ええじゃないか**（備前岡山　大誓文払い）

・**楽しすぎても　ええじゃないか**（備前岡山　大誓文払い）

・**ええ地球（ほし）にしょーでえー**（「6月1日岡山市民の日」推進協議会）

・自分史はええで・・・・。（エクセレント・ブックメーカー　中野コロタイプ）

・こりゃ　えーでー！　シニア・ミニ朗報（岡山市立京山公民館　京山えーもんつくり隊）

・**ほどヨイ　田舎！　えーがん　勝央**（『広報勝央』勝央町役場総務部）

「ええじゃないか」（いいでしょう）

「ええ地球（ほし）にしょーでぇー」
（良い地球にしようよ）

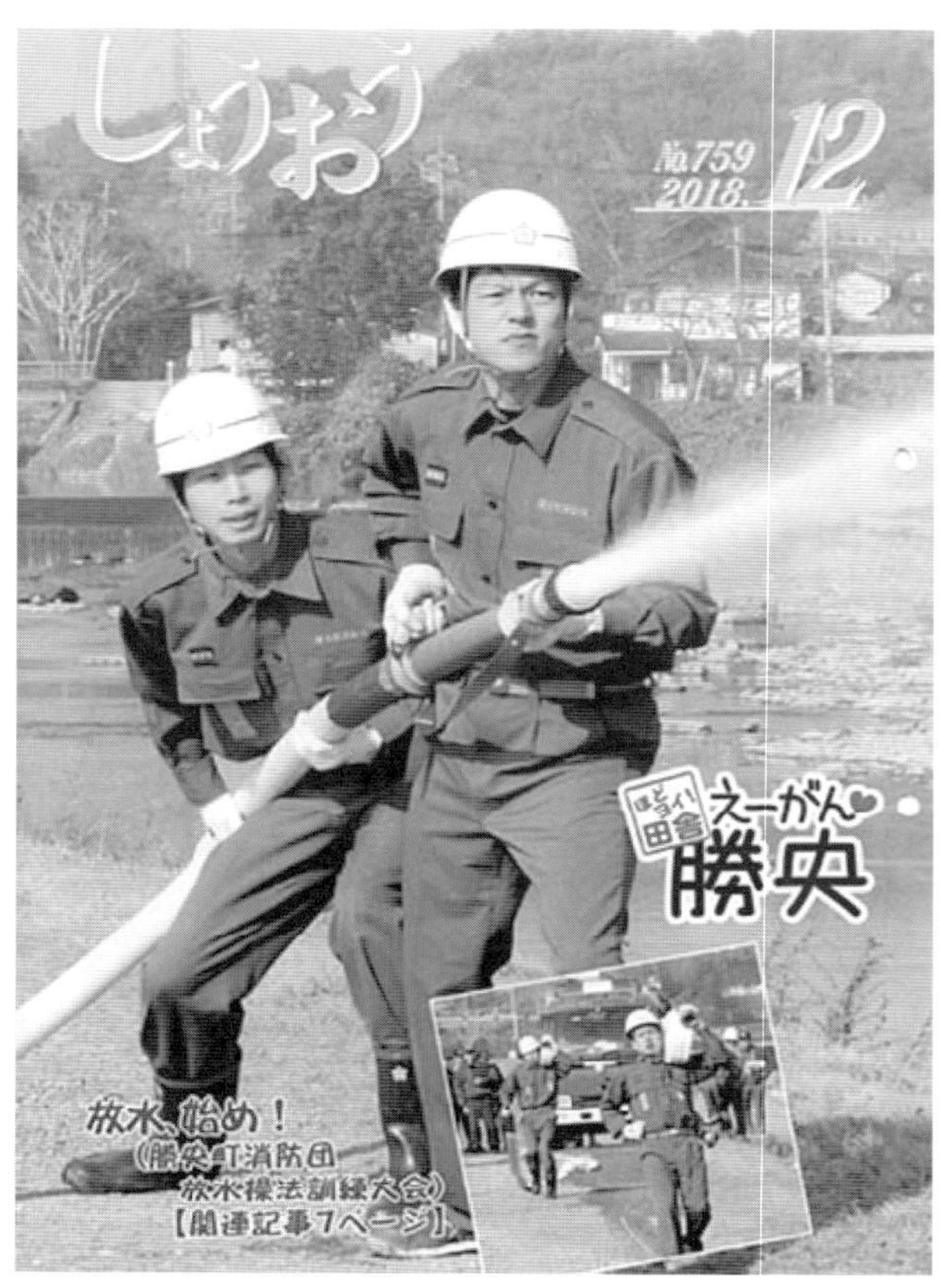

「ほどヨイ！田舎　えーがん　勝央」
（ほど良い！田舎　いいよ　勝央）

その他、岡山弁独特の表現を用いたものに、次のような例がある。

・どけぇ行きょ～ん？　ぐんぜぇ～！（グンゼスポーツクラブ）

・**岡山に来たら　飲まにゃ　おえんで～**（宮下酒造）

・連絡先に電話をかけちゃ　いけんよ～。（岡山中央警察署）

・**かあちゃん、でーこー　てぇてぇてぇ！**（岡ビル市場）

・だいこん　でーてーの簡単レシピ（ＪＡ全農おかやま）

・**おかやまに　おいでんせぇ　ぼっけぇ　うめぇもんから**
見晴らしのえーとこまで　ぎょーさんあるでぇ
（岡山市・玉野市・瀬戸内市　三市合同の観光パンフレット）

「岡山来たら飲まにゃおえんで～」
（岡山に来たら飲まないとダメだよ！）

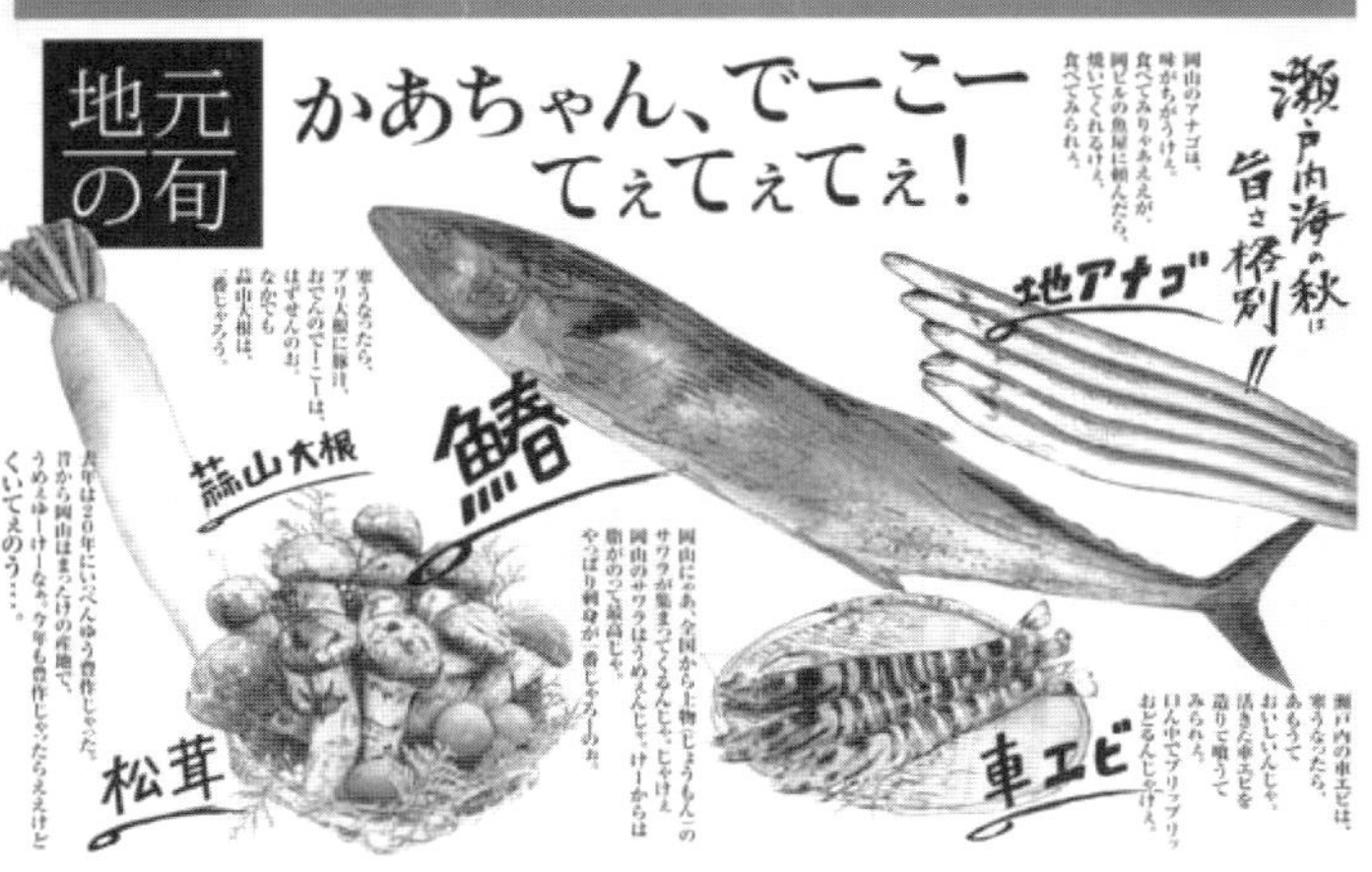

「でーこーてぇてぇてぇ！」
（大根を炊いておいて！）

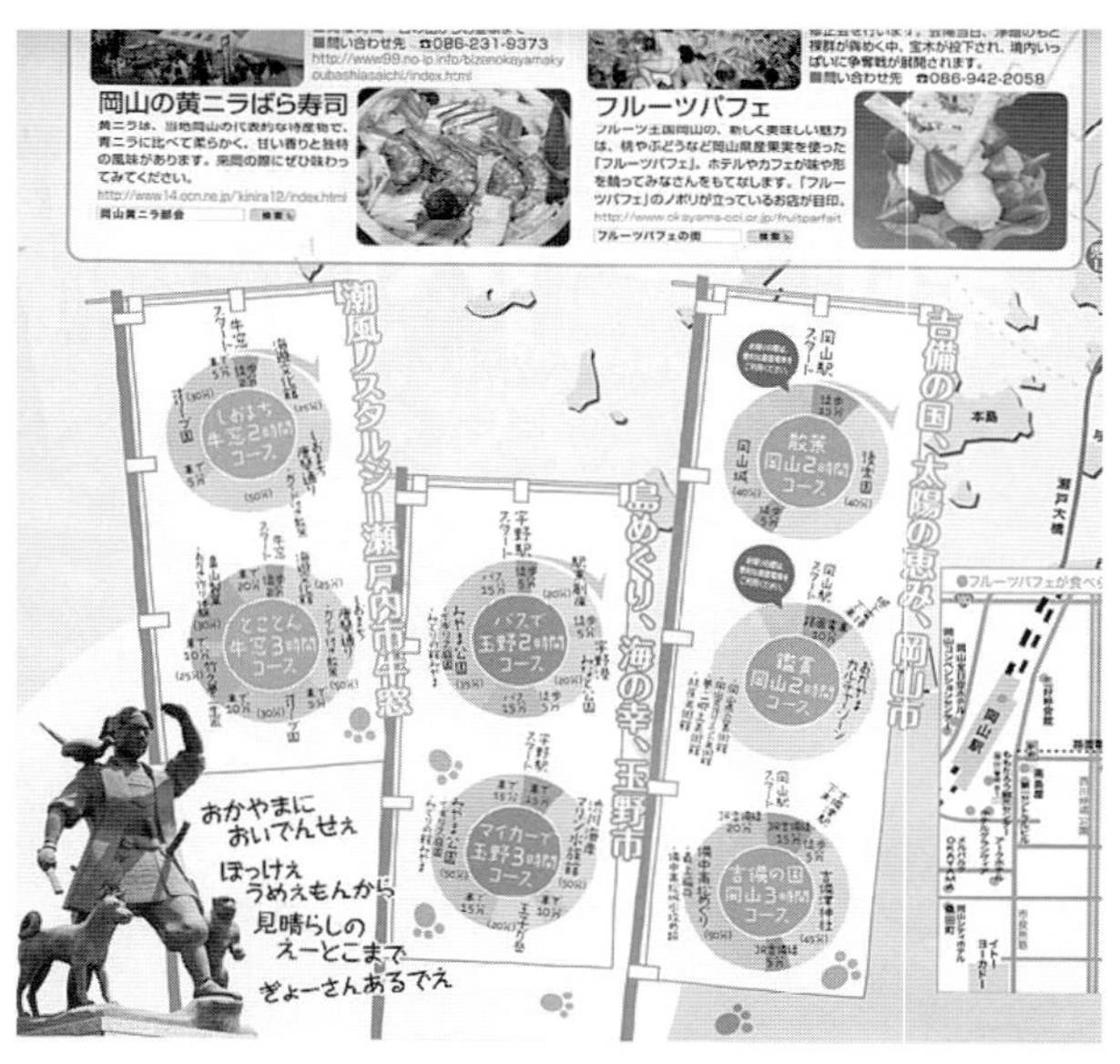

「おかやまに　おいでんせぇ
ぼっけぇ　うめぇもんから
見晴らしの　えーとこまで
ぎょーさんあるでぇ」

（岡山にいらっしゃい
たいへん美味しいものから
見晴らしの良いところまで
たくさんあるよ）

4 岡山弁の方言グッズ

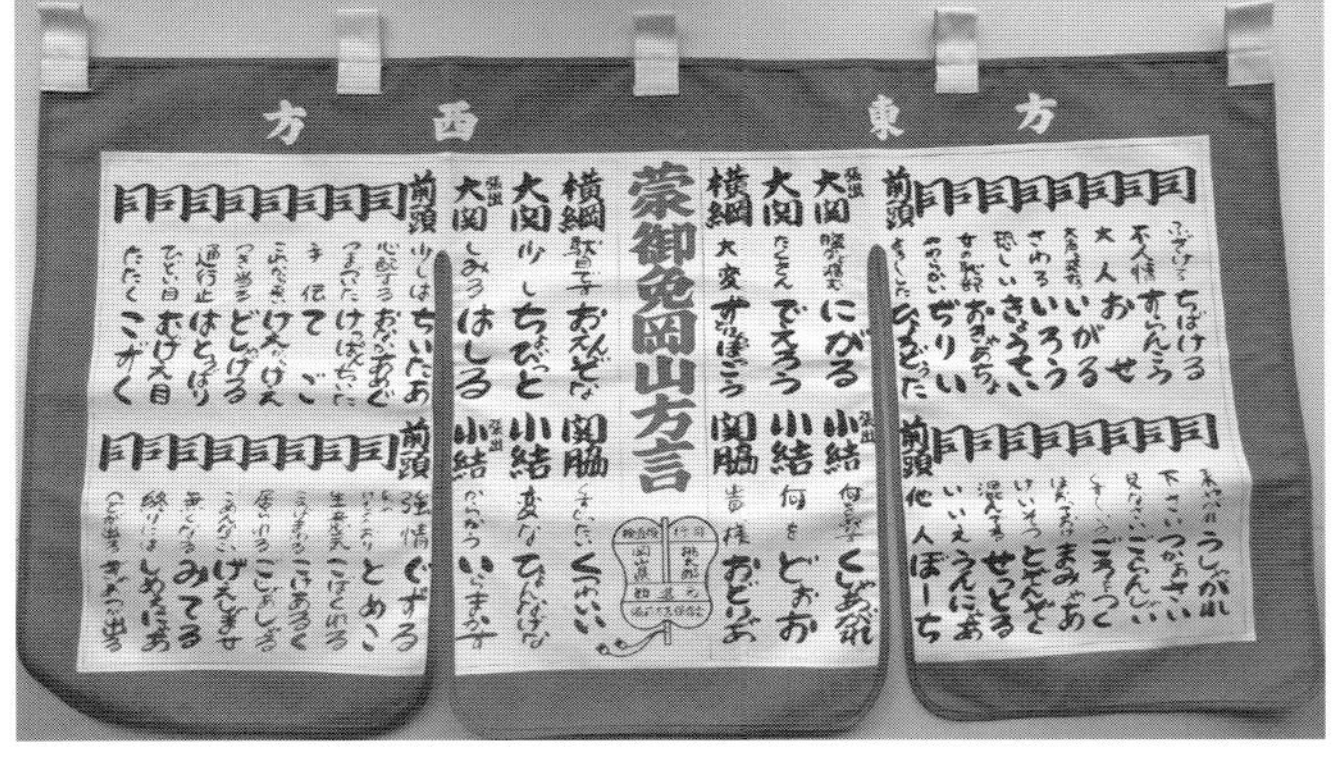

日本各地のお土産の品に、その土地の方言に関するものやその土地の方言をネーミングに使用している例は珍しくない。方言番付や方言絵はがき、方言で名まえをつけた日用品などである。これらは方言グッズと呼ばれ、近年は思いがけないものにまでそれが見られる。以下、岡山弁の方言グッズを列挙する。

○方言番付

『備前備中なまり言葉　岡山縣方言番附』

（一九六四　大阪此花ちどりばし　杉本書店）

これは東方に備前之国、西方に備中之国を配して、多量の俚言（りげん）を一覧したものである。勧進元、編者　杉本宇造、主なる参考書目十二点が示されている。

岡山県方言（備前備中なまり言葉）大番附

東　備前之国　方

- 横綱　ぼっこう（大層。甚だ）
- 大関　すぼっこい（大変な）
- 関脇　さうですか（なんたらもんなら）
- 小結　つがりもない（仕様がない）
- 前頭　ほんにのういや（左様ですか）
- 前頭　こうへいな（上等な）
- 前頭　あまじゃない（容易でない）
- 前頭　どだいごだい（いっこうに）
- 前頭　すぼろしい（不景気な）
- 前頭　いづまをくむ（あぐらをくむ）
- 前頭　いっしょく（寛り少なく）
- 前頭　どんちゃん（計算のくいちがい）
- 前頭　あたりがけ（意趣返し）
- 前頭　ごうをわかす（腹をたてる）
- 前頭　つじのこと（公事）
- 前頭　かたはず（好都合）
- 前頭　いらまかす（からかう）

西　備中之国　方

- 横綱　かばちをきく（口答えをする）
- 大関　おにみそ（からいばりする者）
- 関脇　あちゃをたく（おせっかいする）
- 小結　さえあばる（手出しをする）
- 前頭　さいきょう（差も出ぐち）
- 前頭　いっすいきに（一途に）
- 前頭　おとどしゅうに（御無沙汰）
- 前頭　さらぼうさら（滅茶苦茶）
- 前頭　つがりがない（もろい）
- 前頭　すつどえ（同情のないこと）
- 前頭　こべ（出過ぎたこと）
- 前頭　おたくる（米麦が白くなる）
- 前頭　わらびりである（続けざす）
- 前頭　はんぎょう（一生懸命）
- 前頭　にらみあき（いたづら）
- 前頭　ころびあいよう（自由結婚）
- 前頭　あたくれおちる（落ちる）

蒙御免　岡山県方言

行司
- あてっち（出たらめ）
- まんがち（身勝手な）
- やちもない（お世話無ない）
- いきすぎ（身の程知らず）
- おめれ（自分勝手）
- わがまさ（わがまま）

検査役
- さいはる（出過ぎる）
- さでつける（押しつける）
- かさにのる（調子にのる）
- よだつ（大儀がる）
- さまじい（うるさい）
- いきなり（だらしがない）

取締
- とほうもない（途方もない）
- かまう（心配をする）
- におう（呻吟する）
- はらせつ（不始末）
- おうどう（不注意）
- あやら（ごまかし）

後見
- どんどら（蘭草商人）
- かんば（正宗新藤）
- かぶち（遠藤の同族）
- ひっぽうろく（身内親類）
- ひみつ（御輿かつぎ）
- かなこ（旭川の坑夫）

勧進元
編者　杉本宇造

東　二段目（前頭）

- おどくしん（無茶苦茶）
- しょんぞる（混雑する）
- すめばる（なめる）
- てがいえる（都合が良い）
- きびしい（忙がしい）
- おそびる（甚だしく）
- ほぞひる（識多に）
- けてき（物をもらうこと）
- おがのにする（饒舌する）
- うさい（いつも）
- おっつらもない（荒っぽい）
- あらしょかる（[illegible]）
- てんごう（[illegible]）
- せせる（整理をする）
- とそんでく（強情をいう）
- うずない（あっけない）
- もげない（ふざける）
- つばけない（安心しない）
- とっとせる（よくわかってる）
- よめる（馬鹿を見た）
- おうけなし（[illegible]）
- いじる（気晴らしに行く）

西　二段目（前頭）

- もげない（あっけない）
- こがらす（引きぬく）
- しゃっちい（是非）
- つらっこくる（つり合い）
- あやかる（校猾な）
- すこどる（人をこまるる）
- つんがらす（はんまに）
- どんぼあにい（辻褄が合わぬ）
- けむたい（不意に）
- いたわしい（むつかしい）
- じょうろくく（心細い）
- ねぶらかす（始終）
- せんぶり（いじめる）
- やらべい（早く）
- ぼっつかない（忘れる）
- やや（忙がしい）
- けつつる（悔い）
- ひっぽろする（羨ましむ）
- きもたれる（大事な命令）
- きたなこたえ（一生懸命の努力）
- ふごうる（賢い）

東　三段目（同）

- かんまん（心配しない）
- くざる（気がけぬ）
- ものみて（識にる）
- いぐるみ（等しい）
- えっとる（反対する）
- いけない（つまらぬ）
- おがる（枝に立つ）
- きつい（大骨折）
- いよな（意気地悪い）
- きどうい（不断に）
- てんくる（[illegible]）
- にれらさ（しつこい）
- えらかない（むも暑い）
- ほこうす（脳（なぶる））
- へちけ（腐る）
- めぐる（変になる）
- くやえ（実）
- みもない（話）
- きやすい（ナっつむく）
- かたべろ（見なさい）
- いべ（来なさい）
- たぐる（下さい）
- かぐる（飲む）

西　三段目（同）

- せえから（むらする）
- おちれる（恐れる）
- とめる（尊知る）
- すごなく（罵る）
- へこたる（いやいやなる）
- ぼこしけ（夢々しい）
- どうらい（数多に）
- にぎる（身近）
- つやめ（殴打する）
- そのはて（何時）
- すがぼい（そのようにする）
- ひろく（全く）
- けむる（微乱させる）
- なでる（何時）
- はみとる（小さい）
- よげる（打ちている）
- やける（大いに鳴く）
- なつける（逐却する）
- いばる（結びつける）
- さぜる（引く）
- まらむ（捉く）
- ちゃらん（不正）
- うどむ（法）

東　四段目（同）

- さようさむい（あきれる）
- あっぱかもう（あきれ顔）
- なくどれもの（残り物）
- すぱかい（冷淡）
- ひょうこない（まずい）
- くすけな（[illegible]）
- すめんだ（講子がない）
- ですた（困子）
- よんまり（悪病）
- あうっ（泥流）
- やっとぶり（息）
- いかつう（[illegible]）
- ほてきり（沢山）
- ちうくり（少し）
- あろうり（すこし）
- あたえあ（全部）
- がんぶ（皆目）
- てわァ（世間）
- てひる（姦）
- おっこん（姉妹兄弟）
- こぐらめ（二月一日）
- ぐわるぐ（[illegible]）
- く（[illegible]）

西　四段目（同）

- おうへんごと（いい加減など）
- あたりきく（小作）
- てんぞ（つまつま）
- おえんずな（いけません）
- そわでら（すぐ）
- せえかも（から）
- おなむ（が）
- あわちゃ（とても）
- ひいすな（ながむ）
- かがむ（痛い）
- てあちゃ（そのの人）
- ぼうく（来）
- さんじゃ（和）
- らまで（長日）
- よねこ（天丈）
- ぶったる（性質）
- むよんばる（腕病）
- かっぴん（鬼分）
- えなあ（利立する）
- てやげる（病気）
- ほどける（疑問）
- はしう（振中）
- とやる（嫁嫁）
- さかしる（山水）
- たてる（間）
- おりかえしる（[illegible]）

東　五段目（同）

- とうりんけん（島居）
- おとうくう（入浴）
- わやだ（渚）
- なつどり（不潔）
- とりぎり（満潮）
- おんにつ（頂上）
- あとぶつる（先日）
- よんごろ（深更）
- まぐら（たそがれ）
- おそまいな（今晩は）
- はしまえぐ（夜あけ）
- おまえら（香）
- うらうえ（煙草入）
- たうわら（木）
- きまたが（下手な大工）
- おまへん（鬼瓦）
- すいしもら（不器用）
- あほせ（香）
- ぴょうくう（病気）
- おにやち（ひよわい）
- かんば（風邪）
- むいだ（凄い）
- いたい（傷）
- ぺんけいなかせ（神）

西　五段目（同）

- つじのもの（公共物）
- うっはし（共有、猫中）
- みむり（外観、見かけ）
- かりむく（普請）
- がめいる（借着）
- いいつ（病気）
- ごむし（縁）
- かんせ（[illegible]）
- まつやれ（霜）
- どむんにる（慶弔）
- あもの（風）
- こけはら（夏の小池）
- どんすぶ（鉄）
- みやん（神社の森）
- まっさいぶ（大きな作業）
- そっぱ（野原）
- ふいろ（義）
- たいしり（瞬間）
- ほまこり（凸）
- どがり（池）
- くみひら（上）
- いけく（峠）
- あら（家の横側）
- ちかた（私の家）
- うちか（[illegible]）

東　六段目（同）

- さるぼう（天秤棒）
- ておっこ（東の山）
- むおあま（全）
- おんえす（服装）
- こがにさ（元気者）
- こんくら（左利き）
- さくら（巫女）
- おのうま（鬼ごっこ）
- つきご（[illegible]）
- かんじ（雨乞い）
- かきに（神なし）
- かっこ（小作米）
- ぬかち（籾上等酒）
- ごんし（[illegible]）
- あうっ（飲）
- そう（実人の旅装）
- うちお（風）
- かえ（粉）
- だいなし（[illegible]）
- すべ（芝）
- くさ（[illegible]）
- こびい（卵の殻）
- たうつ（合飲み）
- おにぎり（いたずら）
- あきごう（こすれ）
- どくけ（はぶ葉）
- ごけは（月見）
- す（魂）

西　六段目（同）

- すてまい（神楽）
- はっつけ（神社）
- どやり（親）
- はんぽ（[illegible]）
- へっぺ（神奈し）
- おまら（小供）
- どぐら（病人）
- でらう（持ち）
- そけん（肖像）
- おそこん（お前）
- かくし（父）
- おやじ（母）
- がんに（兄）
- ひいさま（貴様）
- びくく（女の子）
- ばってれ（娘）
- ほたりれ（お転婆娘）
- ほもら（子供）
- いだい（嫁）
- さるく（夫婦づれ）
- ばうじ（馬鹿者）
- あんごう（唖）
- おいてき（隅）
- せみぐれ（すっぽん）
- たかめ（[illegible]）

年寄

- ごっぽう（富者）
- つまけ（貧乏人）
- こちら（若者）
- まぶ（不良者）
- けっかく（ひねくれ者）
- きっけん（偏屈者）
- どんくさ（怠惰者）
- てっくら（おそ者）
- ひんなぐり（物狂い）
- じゃら（浪費）

東　七段目（同）

- うちんぶら（薪束）
- てぼうり（わらぶら）
- よもち（あさ）
- ひれれ（[illegible]）
- おっちん（[illegible]）
- こうちる（[illegible]）
- はっぽり（[illegible]）
- こんぶ（[illegible]）
- つまむ（[illegible]）
- あぐら（[illegible]）
- なみまき（[illegible]）
- おのひく（[illegible]）
- うっぴい（[illegible]）
- てぐもく（[illegible]）
- はさりい（[illegible]）
- えんらく（[illegible]）
- くちがたけ（[illegible]）
- おばけけ（[illegible]）

西　七段目（同）

- ちくち（[illegible]）
- ふんちん（[illegible]）
- やねやどん（[illegible]）
- いきどろ（[illegible]）
- あくむく（[illegible]）
- なまらない（[illegible]）
- あこり（[illegible]）
- わちね（[illegible]）
- ぐすむ（[illegible]）
- あくね（[illegible]）
- ぶくう（[illegible]）
- あさんまん（[illegible]）
- きさり（[illegible]）

呼出し
- いぬころ（犬）
- こびん（[illegible]）
- ぬくちょ（[illegible]）
- ぞうや（[illegible]）
- もえん（不字）
- おぞて（大食漢）
- ひきたれ（無精者）

千穐万歳大入叶

著者　高田耕雨

発行所　杉本書店

不許複製　昭和五十九年六月一日発行

『蒙御免岡山方言』（Ｐ117参照）

これは暖簾仕様の方言番付である。制作年、制作者ともはっきりしないが、勧進元は「備前方言保存会」とある。備前と備中の対比ではない。東方と西方に分かれているが、それぞれ、二十四の俚言を横綱から前頭まで配置している。

『岡山方言番付（建部地方）』（二〇〇〇　近藤正昭）

これは手ぬぐい仕様の方言番付である。第1回の**「岡山弁はええもんじゃ～ことばの祭り・建部～」**（平成十二年十月十四日　建部町文化センター）で来場者に配布された。東西、それぞれ、二十の俚言形の語や句が配置されている。句形式が多いことが特徴である。

岡山方言番付（建部地方）

東
横綱 はっぽねになる
大関 かばちゅーたたく
関脇 ほたえる
小結 よーまーつく
前頭 そんぞがつく
前頭 かやる
前頭 まひょーしにあわん
前頭 でぐんにょーする
前頭 とんぼに
前頭 あのけんだまーとる
前頭 せらう
前頭 ちようやさにする
前頭 みよてる
前頭 しよーやくする
前頭 すばろーしい
前頭 おとでー
前頭 すらんこーな
前頭 こーじく
前頭 おしよーする
前頭 にがる

蒙御免
平成十二年十月十四日
岡山弁建部場所
行司 近藤正昭
勧進元 建部町

西
横綱 てっぱらぽー
大関 ひょーたくる
関脇 おめる
小結 そびゅーかう
前頭 かがえる
前頭 ひよろどう
前頭 ふごをうる
前頭 よだつ
前頭 とちょーまちょーする
前頭 けっぱんずく
前頭 けなりい
前頭 ちよーせーぼー
前頭 ほっぽろ
前頭 げっちよ
前頭 でこせん
前頭 おとんぼん
前頭 こばーくる
前頭 とんさく
前頭 せーまーする
前頭 はしる

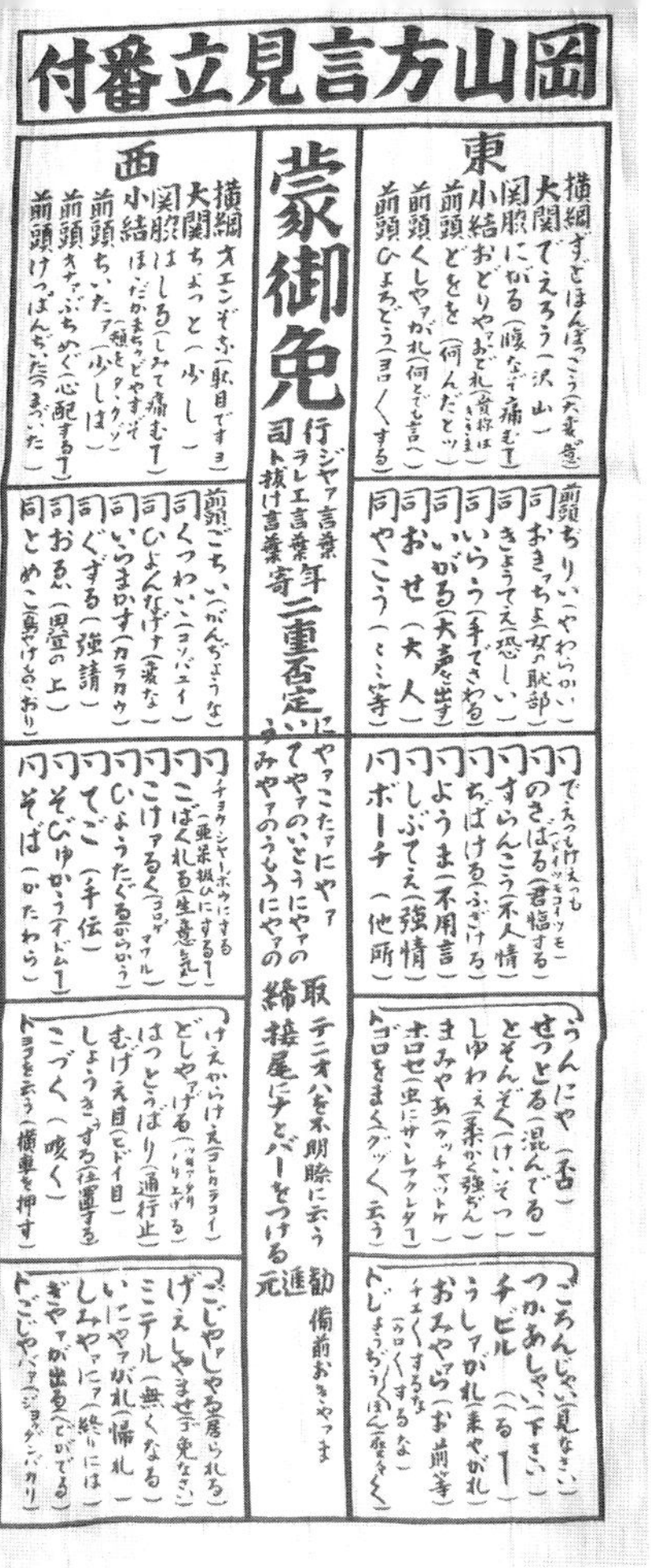

『岡山方言見立番付』

これはタオル仕様の方言番付である。比較的新しいものとみられ、商品名に「**岡山方言フェイスタオル**」とある。制作年、制作者ともはっきりしないが、勧進元は「備前おきやァま」とある。東西に分かれているが、備前と備中の対比ではない。東西それぞれ三五語、合計七〇語を配置している。

方言番付に見られる「蒙御免」（ごめんこうむる）は、大相撲の御免札に書かれている文言である。御免札は江戸時代に勧進相撲が寺社奉行から興行許可を受けた証しとしたのが起源とされている。

○方言手ぬぐい

木綿の手ぬぐいに方言が書き込まれているものを方言手ぬぐいと呼ぶ。

「岡山弁はええもんじゃ～

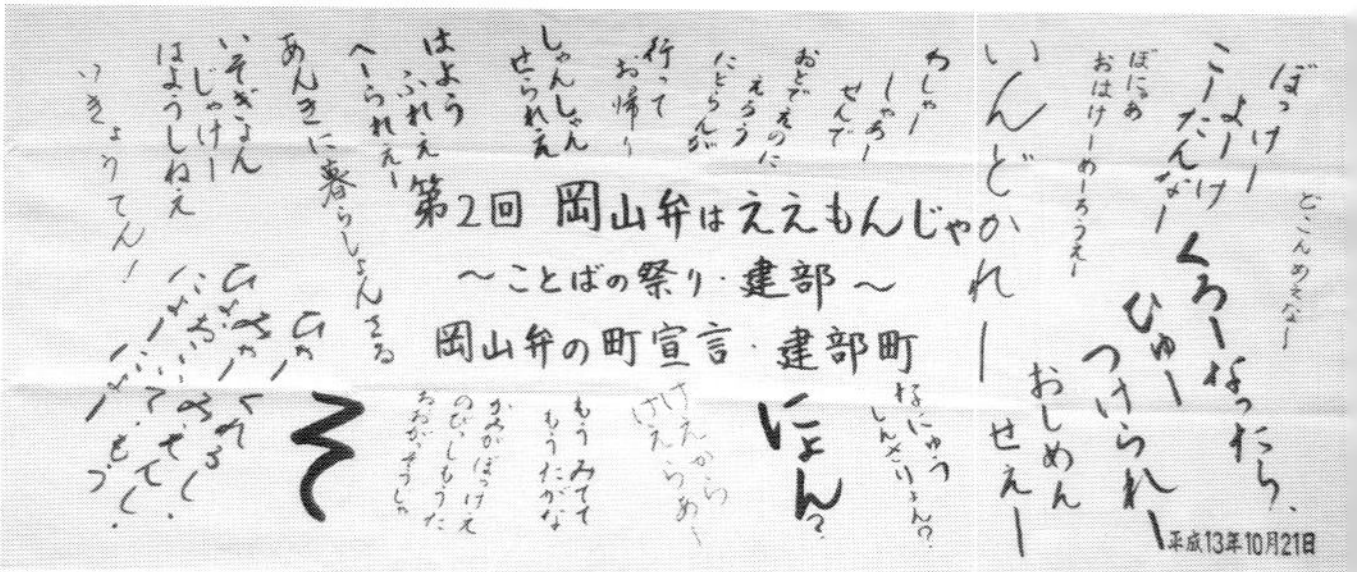

ことばの祭り・建部～」の第2回と第3回に、来場者に配布されたもの。

○方言かるた

市町村単位の「ふるさとかるた」の類は、かなりの種類が見られるが、その中には該当地域の方言を活用しているものが少なくない。

『岡山弁かるた－子ども編－』（二〇〇三　第4回岡山弁はええもんじゃ実行委員会）

『岡山弁川柳かるた』（二〇〇四　第5回岡山弁はええもんじゃ実行委員会　協力／建部川柳社）

右の二つは、いずれも、「いろは」47文字のうち、現代語ではア行と同音の「を」「ゐ」「ゑ」を除く44文字について、読み札と絵札が作成されている。

い

い
いじばーゆーて
こまらすな

ろ

ろ
廊下はかける
とこじゃーねー

は

は
はっぽねになって
がんばろう

岡山弁
川柳
かるた

い
い
いりわりゅー
聞きゃー
何でもねえケンカ

ろ
ろ
ローカル線
ぼーちの人と
ふれ合うた

は
美容院
は
パーマにも
よう行とらんけん
出らりゃせん

『おかやま弁税金かるた』（二〇〇九（社）岡山県法人会連合会　制作発行）

説明書には次のようにある。

このたび、税金について楽しく学んでいただくために、「税金かるた」を制作しました。岡山弁をふんだんに取り入れましたので、より親しみやすく、遊びながら学ぶことができます。ぜひ、ご活用下さい。

たいへんユニークなカルタの読み札は、たとえば次のような例である。

（い）いけんがぁ　税を無視しちゃ　世がすたる
（て）できるなら　ぎょうさん税金　払いてえ
（は）晴れの国　正しゅう納税　しましょうで
（や）やっちもねえ　言うな納税　義務じゃもん

（よ）よかったのう　医療還付の　所得税

（ろ）老人を　いたわる社会に　せにゃおえん

『こうじょがいっぱいカルタ』

（二〇一六　興除公民館興除ことば編集委員会）

この取り組みは、興除地域（岡山市南区　東畦・中畦・内尾・曽根・西畦）の人びとが「失われていく興除の方言を何らかの形で残していきたい」という思いから発したという。絵札と読み札各四十四枚で構成され、読み札の裏面には解説がある。当地域の方言を活用して、興除地域の自然や歴史、生活や文化を絵札や読み札に表現し、将来に伝承していくことに役立てられている。

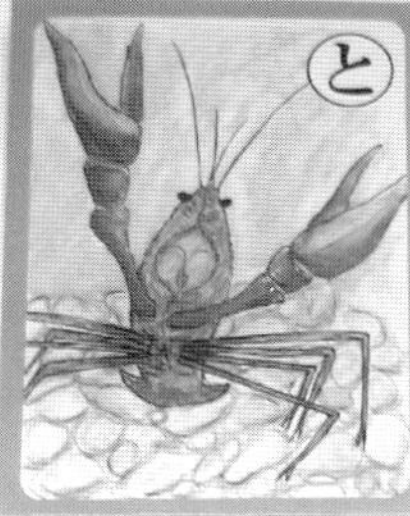

と

トーチカや
はさみふりあげ
後退(あとずさ)り

ほ

ぼっけーなー
どしゃぶりの雨(あめ)
苗代(なわしろ)に

（すごいな　どしゃぶりの雨　苗代に）

も

もんげー昔(むかし)
興除(こうじょ)のへんは
海(うみ)じゃった

（大昔(おおむかし)　興除のあたりは　海でした）

『立石おじさんの岡山ことわざカルタ』

（ことわざ・解説／立石憲利　絵／稲岡健吾　二〇〇六　吉備人出版）

岡山に伝わることわざをカルタにしたもので、とくに方言を取り入れる意図は無いものの、いくつかの読み札にはおのずと岡山弁が紛れ込んでいる。

（お）岡山茶漬けで　ゆうばあじゃ

（し）下津井メバルで　口ばあじゃ

（た）高いところに登らにゃ　熟柿は食えん

（と）隣のぼた餅ぁ大けぇ

（ふ）風呂の蓋ぁ　なべ蓋にゃならん

（や）ヤマボウシが咲いたら豊作じゃ

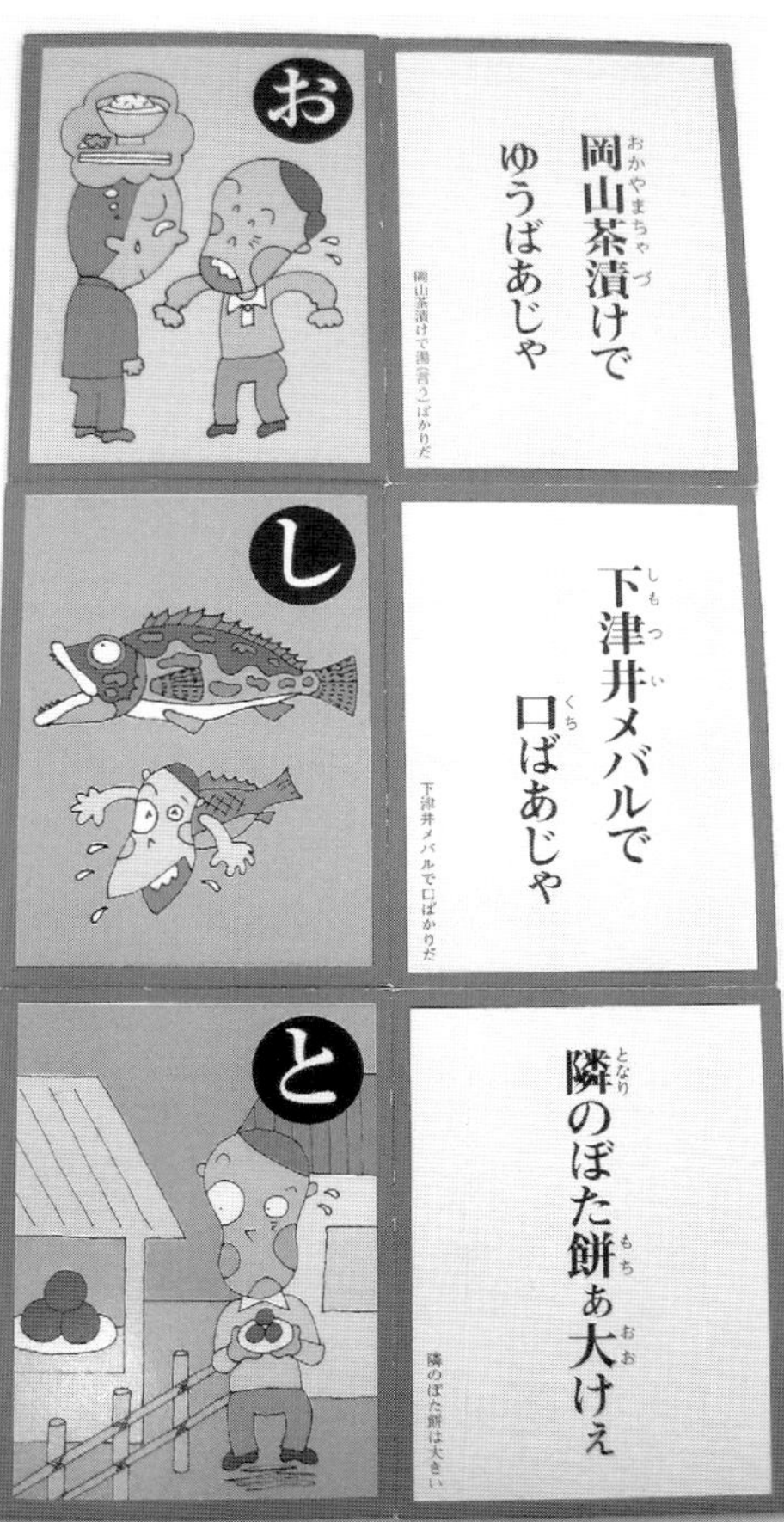
お
岡山茶漬けでゆうばあじゃ
岡山茶漬けで湯（言う）ばかりだ
し
下津井メバルで口ばあじゃ
下津井メバルで口ばかりだ
と
隣のぼた餅ぁ大けぇ
隣のぼた餅は大きい

○トランプ

青山融『岡山弁トランプ　でーれーセット』（二〇一六　吉備人出版）

青山融氏の手になる『岡山弁トランプ　でーれーセット』（二〇一六　吉備人出版）がある。岡山弁になじみのない人が増えつつある現在、幅広い世代が楽しめるようにトランプを題材として、岡山県方言の俚言五三語を厳選し、一枚に一語ずつ載せている。ハートのカードには形容詞、ダイヤには動詞、クラブには名詞、スペードには接続詞とフレーズが、それぞれA～Kまで十三枚ずつから成る。因みにJOKERには「もんげー」が充てられている。各カードの右上には五線譜の音階によってアクセントが示されているのも、貴重な工夫である。

なお、別に「でーれーセット」とは言葉を入れ替えた「ぼっけーセット」もある。（二〇一七　吉備人出版）

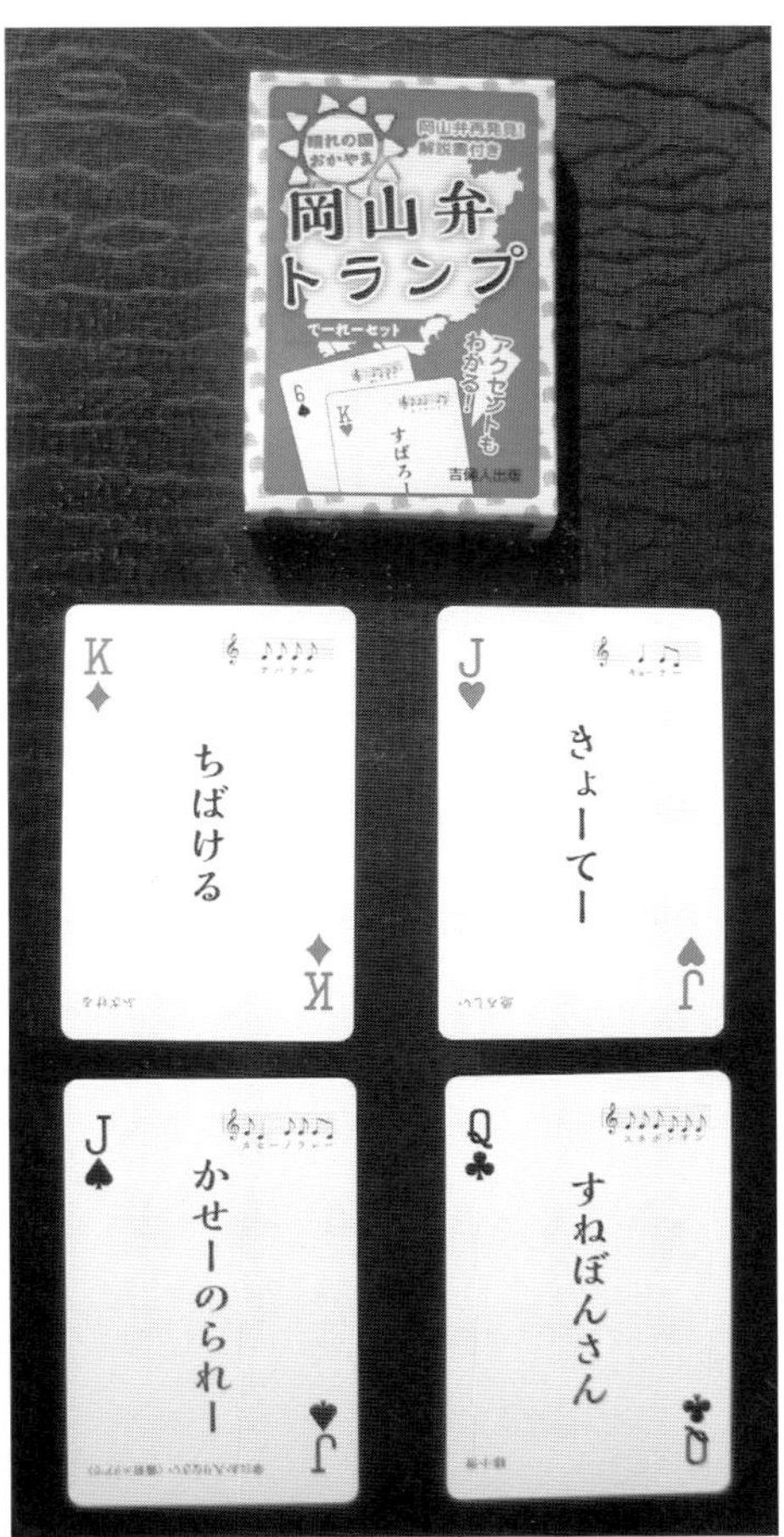
晴れの国
おかやま
岡山弁再発見!
解説書付き
岡山弁
トランプ
でーれーセット
アクセントも
わかる!
吉備人出版
K
ちばける
J
きょーてー
J
かせーのられー
Q
すねぼんさん

○マッチ

戦後長い間、昭和の終わりごろまで、喫茶店やレストランの客席には、サービスとしての小さなマッチがあった。そのレッテルがいちいち工夫されたデザイン豊かなもので、蒐集するマニアがいたものだ。近年は社会に禁煙が進行して、また、純喫茶と呼ばれたようなお店も少なくなり、小型のマッチ箱を目にすることはすっかり無くなってしまった。

昭和六〇年頃、岡山駅前の高島屋のそばに**「ぼっこう」**というレストランがあった。立地場所もあって、食事、喫茶で賑わっていた。そのお店のマッチには「ぼっこう」とあって、片面（裏面）には「岡山の方言例」として横書きで次の8語が書いてあった。（表記は現物のまま）

ぼっこう（たいそう）　　おえん（ダメ）
でえれえ（たいへん）　　いじましい（じれったい）
ひょんな（変な）　　こしい（ケチ）
けなりい（うらやましい）　　あんごう（バカ）

○うちわ

八月上旬の暑い時期に開催される岡山大学オープンキャンパスの来場者に配布されたもの。**「おいでんせぇ岡山大学へ」**の歓迎のことばとともに、**「緑がよーけあって　街にも近こうて　岡大はええとこいっぱいじゃ!!」**、**「でーれー　ひれーで!!津島キャンパス」**と岡山弁をフル活用。岡山大学生協の製作。

でーれーひれーで！！津島キャンパス

ぼっけーおもれーで！！鹿田キャンパス

○ネクタイ

岡山市の百貨店天満屋が、岡山城築城四百年を記念して開発したオリジナルネクタイ**「ふるさとネクタイ　KIBI　JI」**シリーズは、岡山のシンボル、桃、桃太郎、マスカット、瀬戸大橋、備前焼などをデザイン化したもので、プレゼント用などとして好評を得た。岡山弁をあしらったネクタイのデザインは、ひらがなとローマ字の二種で、それぞれ三色がある。「おえりゃあせんのう」、「きょうてえ」「くつわいい」「ぼっけえ」など、おなじみの岡山弁が描かれている。ローマ字のネクタイには共通語が併記されていて県外の人にも分かるようになっている。

○バッジ（記章）

「もんげー　岡山！」

岡山県広報紙「晴れの国　おかやま」二〇一四年十二月号（編集・発行／岡山県総合政策局公聴広報課）は、「特集「晴れの国おかやま」の魅力を全国へ」の見出しのもとに、キャッチフレーズとして「もんげー　岡山！」を提唱している。おりしも、当時、大ヒットしていたテレビアニメ「妖怪ウォッチ」のキャラクターが、「もんげー」を連発して子どもたち

に大人気となって全国的に広まっていた。そのことにもあやかって、「すごい」という意味の岡山弁「もんげー」を使って情報発信し、岡山県の全国における認知度向上を目指した戦略であった。

それ以来、岡山県をPRするためなら**「もんげー　岡山！」**のロゴが無料かつ使い放題で、さまざまな商品、チラシ、ポスター、パンフレット、オリジナルグッズなどに使用されて現在に至る。バッジはそのロゴとデザインで、このロゴマークは官民を問わず、さまざまに活用されている。

○はんざきのぼり

真庭市の湯原観光協会は、温泉客向けの土産用に、地元の旭川に生息している国指定特別天然記念物オオサンショウウオ（通称、はんざき）の姿をした**「はんざきのぼり」**を発売した。長さ五〇センチ余り、ポリエステル製で、茶、赤、青、緑など八色。本物と同じく前足四本、後ろ足五本。「はんざき」は湯原温泉のシンボルになっており、毎年こいのぼりの代わりにはんざきのぼりを旭川に掲げているが、そのミニチュアサイズを商品化したものである。

○メモ帳

表紙の中央に朱書きで**「岡山弁はええもんじゃ」**と大きく書いて、その周りを埋めるようにたくさんの俚言が書いてある。このメモ帳の右上端には**「岡山弁手帳〈そ〉」**とある。「そ」とは、もっとも短い岡山弁として話題になることばで、「どうぞ」を控え目に言う際に使われる。岡山弁協会による製作。

岡山弁手帳 そ

かやる
トーテカ
おーだたしい
きよし
すばろーしい
てつばらぼー
そびゅーかう
とほしわえ
まてー(まてい)

岡山弁は
ええもんじゃ

バブ
ちゃんかご
おんさった
てんごろやしい
かなぐる
おんびんくそ
こだらかす
ぐしい
ぞんぞがつく
しごをする
ひょこしげな
げーさんせー

○マスキングテープ

文具専門店「うさぎや」を展開するクラブン（倉敷市）は、岡山弁を題材にしたオリジナルマスキングテープを発売している。商品名は**「岡辞苑（こうじえん）〜方言編〜」**。

「でーこんてーてーて」、「うったて」、「おえん」、「じゃけぇ」「でぇーれぇー」の五つに絞って、意味用法を解説し、それぞれ、イラストも添えられている。

【でーこんてーてー】大根を炊いといてください。 用例：「でーこんてーてーてー(大根を炊いといてください)」

【うったて】書道における書き始めのこと。転じて物事の取り掛かりを指す。実は方言。 用例：「うったてが大事だ(始まりが肝心)」

【おえん】駄目な時に言いたくなる。いけないよ、駄目だよの意。 用例：「そりゃおえんが(それは駄目だね)」

【じゃけぇ】だから・それでの代わりに使う。 用例：「じゃけぇわしはな・・・(だから私は・・・)」

【でぇーれぇー】程度が甚だしいこと。すごい。ぼっけぇも同じ感じの意。 用例：「でぇーれぇーえれぇーわ(私は凄く疲れました)」

○包装紙（箱）

倉敷市玉島乙島の「菓子処ひらい」から発売されている**饅頭「こげまん」**の包装は岡山弁があふれている。「こげまん」の名前の由来は包装の箱に「こげぇな　うめぇまんじゅう、いっぺんたべてみられぇ」とあり、わかりやすい。箱の裏側には「おもしろ岡山弁」として、「あずる　動き回る」、「いがる　さけぶ」など、二二の岡山弁が共通語訳とともに挙げられている。

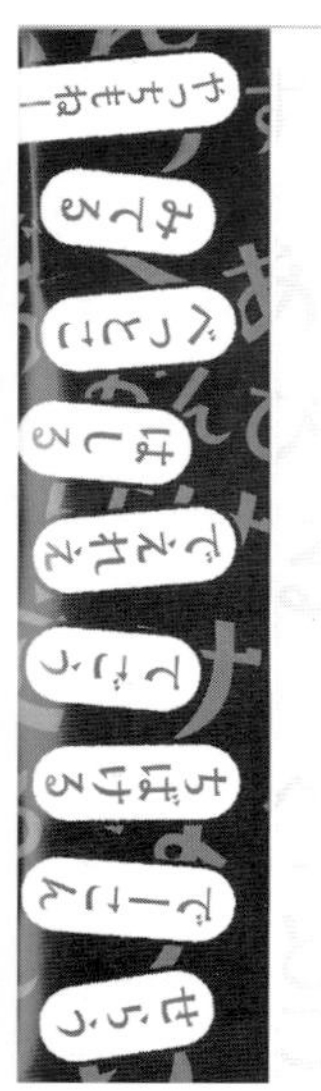

あずる
いぬる
おいでんさい
おえん
おんびん
きょうてい
けなりい
こげぇな うめぇまんじゅう、
いっぺん食べてみられぇ
【訳】こんなおいしいまんじゅう、一度、食べてみて
よその県から「きちー」といわれっしまう「岡山弁」じゃけど、
つこうとる岡山県民にわりぃ気はねえんよ。
なかようしてもろうたらええわぁ。
【訳】他県の方から「キツい」と言われることもある「岡山弁」ですが、
使っている岡山県民に悪意はありません。
仲良くしていただければ幸いです。
おもしろ岡山弁
あずる 動き回る
いがる さけぶ
いぬる かえる
おいでんさい いらっしゃい
おえん だめ
おんびん 臆病
きょうてい こわい
けっぱんづく けつまづく
けなりい うらやましい
こらえる 許す
すこどん おっちょこちょい
すねぼんさん すね(ひざこぞう)
せらう ねたむ
ちーと 少し
ちばける ふざける
てごう 手伝い
でーこん だいこん
でえれえ とても【類語:ぼっけえ】
はしる (傷が)ひりひりする
べっとこ 最下位
みてる なくなる
やっちもねー しょうもない

○ティッシュペーパー

社団法人岡山県観光連盟が「おかやま旅ネット」周知のために配布したもの。果物王国岡山の象徴として桃とぶどうの写真を配して、「来られ～、見られ～、食べられ～。」とある。共通語で言い換えれば「いらっしゃい、ご覧ください、召しあがりください。」となるところ、岡山弁では「られ～」が三つそろっている。それは「来る」(カ変)、「見る」(上一)、「食べる」(下一)が、いずれも尊敬助動詞「らる」に接続するという法則がもたらした結果でもある。

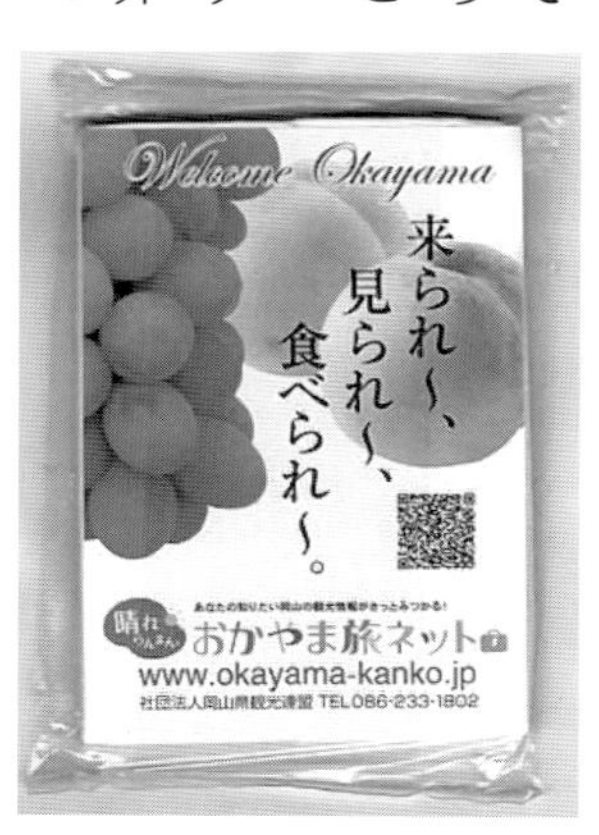

「来られ～、見られ～、食べられ～。」
(いらっしゃい、ご覧ください、召しあがりください。)

5 岡山の方言漢字

興味深いことに、地域独自の造字による漢字が、限られた地域に使用されていることがある。例えば新潟県では、「潟」という文字が「泻」のように書かれることがよく知られている。これは「方言漢字」と称され、歴史的存在であると同時に現在も日本の各地に見られる。

岡山県に見られる「方言漢字」は次のような地名に認められる。（出典『ビジュアル「国字」字典』二〇一七　世界文化社）

①小**屮**（こぼき）　岡山県美作市
②**穝**東（さいひがし）　岡山県岡山市中区
③**逧**（さこ）　岡山県美作市梶原
④**糘**山（すくもやま）　岡山県津山市桑下
⑤**嵶**（たお）　岡山県岡山市東区西片岡
　嵶山（たおやま）　岡山県備前市
　迫間**嵶**（はざまだお）　岡山県玉野市
　鳥打**嵶**（とりうちとうげ）　岡山県岡山市東区可知

⑥三坃（みつぐろ）　岡山県倉敷市

これらの地名に用いられている「方言漢字」の部分について、それぞれの文字の「読み」と「意味」は次の通りである。

①「ほき」――川に臨む崖。谷に迫る山地や丘陵地の険阻な急斜面・絶壁をいう。山のすぐ隣が川になっているところからという。

②「さい」――音読み。地名は本例のみ。岡山市街地にもほど近い。

③「さこ」――山の尾根と尾根の間の谷あいの行き詰まりの場所。

④「すくも」――玄米の外皮にあたる籾殻。

⑤「たお」――（低い）峠をいう。古くは峰と峰を結ぶ稜線を意味する。

「たわ」――山の尾根が撓んだ所。旁を象形文字のように用いたものである。

⑥「くろ」――平地の中で、少し小高い地形をいう。

これらの地域独特の方言漢字の造字の方法は、六書で言えば会意文字が多い。（「穝」は音読みで、形声による珍しいタイプの国字）

方言漢字は、地形などを表す地域独特の方言を表記する漢字として工夫されたものである。

榎
藤原

【参考文献】

「宮崎における方言グッズ」日高貢一郎（一九九一『国語の研究』第15号　大分大学国語国文学会）
「新潟県における方言グッズを観る」外山正恭（『高志路』第314号　新潟県民俗学会）
「方言の有効活用」日高貢一郎（『方言の現在』一九九六　明治書院）
「現代方言の特質」小林隆（『方言の現在』一九九六　明治書院）
『岡山弁ＪＡＧＡ！』青山融（一九九八　アス）
『方言の活用事典―新潟県―』外山正恭（二〇〇〇　自家版）
「方言による命名をめぐって」外山正恭（『ことばと暮らし』第14号　二〇〇二　新潟県ことばの会）
「方言の活用」外山正恭（『日本のことばシリーズ15　新潟県のことば』二〇〇五　明治書院）
「方言によるネーミング」日高貢一郎（二〇〇五『日本語学』二四―

一二）

『生きている岡山弁　新聞・雑誌・交通安全看板などに見られる岡山弁』長尾人志（二〇〇八　自家版）

「言語景観にみる方言」札埜和男（真田信治編著『日本語ライブラリー方言学』二〇一一　朝倉書店）

『魅せる方言　地域語の底力』井上史雄・大橋敦夫・田中宣広・日高貢一郎・山下暁美（二〇一三　三省堂）

『方言漢字』笹原宏之（二〇一三　角川学芸出版）

「地域資源としての「方言」」日高水穂（木部暢子他編『方言学入門』二〇一三　三省堂）

『岡山弁ＪＡＲＯ?』青山融（二〇一四　ビザビリレーションズ）

「方言意識と方言景観」田中ゆかり『日本のことばシリーズ14　神奈川県のことば』二〇一五　明治書院）

「方言の拡張活用と方言景観」田中宣広（井上史雄・木部暢子編著『はじめて学ぶ方言学』二〇一六　ミネルヴァ書房）

「方言意識」有元光彦『日本のことばシリーズ35　山口県のことば』（二〇一七　明治書院）

「方言景観」池田史子『日本のことばシリーズ35　山口県のことば』（二〇一七　明治書院）

おわりに

本書でとりあげようとしたことがらは、まさに「岡山文庫」という媒体があって、初めて日の目を見たものと言って過言ではない。

岡山弁は、もとより岡山の人びとの生活文化に根ざすものであり、「岡山文庫」刊行の趣旨に適(かな)うこと言を俟(ま)たない。ただ、本書で企図した岡山弁のとりあげかたは、いささか斜に構えたもので、目で認知される岡山弁というものである。

目で認知されるとは、つまりは文字に書かれている岡山弁であるが、それらの実際を紙面に反映しなくては話を始められない。その点で、「岡山文庫」は、写真というビジュアルなペイジが盛りだくさんであることを特徴としているので、「目で見る岡山弁」という題材をとりあげるのには恰好の媒体なのである。

本書でとりあげたような題材は、参考文献からもうかがわれる通り、日本のどの地域にも見られる。本書は、岡山県に関して、幸い、一書にまとめることができた。今後、日本の各都道府県ごとにこのような書物ができれば、現代日本社会に光彩を放って生きている方言の登録証明として、また、地域の方言が地元の人びとに、息を吹き込まれて蘇生している事例研究として、有意義なことと考える。

おわりに、本書が成るまでには、日本文教出版　編集部の外山倫子氏のご尽力を得た。記して感謝の意を表したい。

令和元年五月　吉田　則夫

著者略歴

吉田　則夫（よしだ　のりお）

1974 年 広島大学文学部助手
1975 年 高知大学助教授
1980 年 兵庫教育大学助教授
1986 年 岡山大学助教授、1992 年 同教授
2012 年 中国学園大学教授など歴任
現在 岡山大学名誉教授
岡山弁協会特別顧問

共著『中国・四国地方の方言』（1982　国書刊行会）
共著『日本方言研究の歩み』（1990　角川書店）
編著『岡山県のことば』（2018　明治書院）など

岡山文庫　314　目で見る岡山弁

令和元年（2019）年 5 月 24 日　初版発行

著　者　吉　田　則　夫
発行者　黒　田　　節
印刷所　株式会社三門印刷所

発行所　岡山市北区伊島町一丁目 4 － 23 日本文教出版株式会社
電話岡山（086）252-3175（代）振替 01210 － 5 － 4180（〒 700-0016）
http://www.n-bun.com/

ISBN978-4-8212-5314-2

● 岡山県の百科事典

二百万人の **岡山文庫**

○数字は品切れ

1. 岡山の植物・西原礼之助
2. 岡山の祭と踊・神野力
(3.) 岡山の焼物・桂又三郎
(4.) 岡山の古墳・鎌木義昌
5. 岡山の民家・鶴藤鹿忠
6. 岡山の文学碑・山本遺太郎
7. 岡山の仏たち・脇田秀太郎
8. 岡山の動物・松本邦夫
9. 岡山の鳥・杉鮫太郎
10. 大原美術館・藤田慎一郎
11. 岡山後楽園・宗定克則・杉鮫太郎
12. 岡山歳時記・吉岡三平
13. 岡山の建築・巌津政右衛門
14. 瀬戸内海・緑川洋一
15. 岡山の民芸・外村吉之介
(16.) 吉備路・神野力
17. 岡山の魚・青木五郎
18. 岡山の昆虫・倉敷昆虫同好会
19. 岡山の城と城址・藤井駿・市川俊介
(20.) 岡山の果物・三宅忠一
21. 岡山の風物・岡山県広報協会
22. 吉備の女性・吉岡三平
(23.) 岡山の伝説・立石憲利
24. 岡山の酒・小出巌・西原礼之助
(25.) 岡山の街道・山陽新聞社
26. 岡山の絵画・脇田秀太郎・巌津政右衛門
(27.) 水島臨海工業地帯・平方与平
28. 岡山の旅・岡山県観光連盟
29. 蒜山高原・二若・富国・徳山
30. 岡山の歌謡・英玲二
(31.) 岡山の遺跡めぐり・間壁忠彦・葭子
(32.) 備前焼・小山冨士夫・藤原啓・中村昭夫
33. 岡山文学風土記・大岩徳二
(34.) 美作路・小山健三
35. 岡山の俳句・塩尻青笳・島津青沙
36. 岡山音楽夜話・保田太郎
37. 閑谷学校・巌津政右衛門・坂本一夫
38. 岡山の川柳・弓削川柳社
39. 岡山の民話・岡山民話の会
(40.) 岡山の刀剣・小林種次
41. 岡山の短歌・杉鮫太郎・藤原幾太
42. 岡山の医学・中山沃
43. 岡山の藺草・鈴木尚夫・中村昭夫
(44.) 岡山の人物・黒崎秀明
(45.) 岡山の駅・難波数丸
46. 岡山の現代詩・坂本明子
47. 岡山の交通・藤沢晋
(48.) 岡山の教育・秋山和夫
(49.) 備中神楽・山根堅一・坂本一夫
50. 岡山の民具・鶴藤鹿忠
(51.) 岡山の宗教・長光徳和
52. 吉備津神社・藤井駿・坂本一夫
53. 岡山の貨幣・原三正
(54.) 岡山の古戦場・多和和彦
55. 岡山の石造美術・巌津政右衛門
(56.) 岡山の方言・十河直樹
57. 岡山の歴史・柴田一
58. 岡山事物起源・吉岡三平
(59.) 高梁川・宗田克巳
(60.) 岡山の干拓・吉岡三平・進昌三
61. 岡山の電信電話・萩野秀
62. 吉備高原・宗田克巳
63. 岡山のおもちゃ・吉永義光
64. 吉井川・宗田克巳
65. 岡山の港・巌津政右衛門
66. 岡山の絵馬と扁額・脇田秀太郎
(67.) 旭川・宗田克巳
68. 岡山の温泉・石井猛・圓堂稔
69. 岡山の県政史・蓬郷巌
70. 岡山の道しるべ・巌津政右衛門
71. 岡山の笑い話・稲田浩二・和子
72. 美作の歌舞伎芝居・二宮朔山
(73.) 岡山の民間信仰・三浦秀宥
(74.) 岡山の奇人変人・蓬郷巌
75. 岡山の食習俗・鶴藤鹿忠
76. 岡山の明治洋風建築・中力昭
77. 山陽路の地理散歩・宗田克巳
(78.) 岡山の風俗・蓬郷巌
79. 岡山の海藻・大森長朗
(80.) 岡山の書・佐藤英夫
81. 岡山浮世噺・岡長平
82. 岡山の神社仏閣・市川俊介
83. 中国山地・三浦秀宥・竹内平吉郎
(84.) 岡山の島・巌津政右衛門
85. 岡山の山と峠・宗田克巳
86. 吉備の石ぶみ・井上雄風
(87.) 岡山の怪談・佐藤米司
88. 岡山の自然公園・山陽カメラクラブ
89. 岡山の漁業・西川太
90. 岡山の天文気象・石田五郎・佐橋謙
91. 岡山の郵便・萩野秀
(92.) 岡山の鉱物・沼野忠之
93. 岡山のふるさと村・巌津政右衛門
94. 岡山の経済散歩・吉永義光
95. 岡山の庭・山本利幸・前田勝也
96. 岡山の匠・浅原健
97. 岡山の童うたと遊び・立石憲利
98. 岡山の衣服・福尾美夜
99. 岡山の民俗・土井卓治・佐藤米司・鶴藤鹿忠
(100.) 岡山の樹木・西原礼之助・古屋野寛

101. 岡山と朝鮮・西川　宏
102. 岡山の和紙・臼井英治
103. 岡山の艶笑譚・立石憲利
104. 岡山の文学アルバム・山本遺太郎
105. 岡山の映画・松田完一
106. 岡山の石仏・巌津政右衛門
107. 岡山の橋・宗田克巳
108. 岡山のエスペラント・岡　一太
109. 岡山の狂歌・蓬郷　巌
110. 百間川・岡山の自然を守る会
111. 夢二のふるさと・真田芳夫・葛原茂樹
112. 岡山の梵鐘・川端定三郎
113. 岡山の演劇・山本遺太郎
114. 岡山話の散歩・岡　長平
115. 岡山地名考・宗田克巳
116. 岡山の戦災・野村増一
117. 岡山の町人・片山新助
118. 岡山の会陽・三浦　叶
119. 岡山の石・宗田克巳
120. 岡山の滝と渓谷・川端定三郎
121. 岡山の味風土記・岡　長平
122. 目でみる岡山の明治・巌津政右衛門
123. 岡山の散歩道東西・佐藤米司
124. 目でみる岡山の大正・蓬郷　巌
125. 児島湾・同前峰雄
126. 岡山の庶民夜話・佐上静夫
127. 岡山の修験道の祭・川端定三郎
128. 目でみる岡山の昭和Ⅰ・蓬郷　巌
129. 岡山のふるさと雑話・佐上静夫
130. 岡山のことわざ・佐藤・次田・竹内・福尾
131. 目でみる岡山の昭和Ⅱ・蓬郷　巌
132. 瀬戸大橋・ＯＨＫ編
133. 岡山の路上観察・香川・河原
134. 岡山の相撲・二宮朔山
135. 岡山の古文献・中野美智子
136. 岡山の門・小出公大
137. 岡山の内田百閒・岡　将男
138. 岡山の彫像・蓬郷　巌
139. 岡山の名水・川端定三郎
140. 両備バス沿線・両備バス広報室
141. 岡山の明治の雑誌・片山・来田・菱川
142. 岡山の災害・蓬郷　巌
143. 岡山の看板・河原　馨
144. 由加山・原　三正
145. 岡山の祭祀遺跡・八木敏乗
146. 岡山の表町・岡山を語る会
147. 逸見東洋の世界・臼井洋輔
148. 岡山ぶらり散策・河原　馨
149. 岡山名勝負物語・久保三千雄
150. 坪田譲治の世界・善太と三平の会
151. 備前の霊場めぐり・川端定三郎
152. 藤戸・原　三正
153. 矢掛の本陣と脇本陣・武・中山・岡田・池田・柴口
154. 岡山の図書館・黒﨑義博
155. 岡山の戦国時代・松本幸子
156. 岡山の資料館・河原　馨
157. カブトガニ・惣路紀通
158. 正阿弥勝義の世界・臼井洋輔
159. 木山捷平の世界・定金恒次
160. 岡山の備前ばらずし・窪田清一
161. 良寛さんと玉島・森脇正之
162. 備中の霊場めぐり・川端定三郎
163. 岡山の多層塔・小出公大
164. 六高ものがたり・小林宏行
165. 下電バス沿線・下電編集室
166. 岡山の博物館めぐり・川端定三郎
167. 岡山の民間療法(上)・鶴藤鹿忠・竹内平吉郎
168. 吉備高原都市・小出公大
169. 玉島風土記・森脇正之
170. 洋学者箕作阮甫とその一族・木村岩治
171. 夢二郷土美術館・松田　基・楢原雄一
172. 岡山のダム・川端定三郎
173. 岡山の森林公園・河原　馨
174. 宇田川家のひとびと・水田楽男
175. 岡山の民間療法(下)・鶴藤鹿忠・竹内平吉郎
176. 岡山の温泉めぐり・川端定三郎
177. 阪谷朗廬の世界・山下五樹
178. 目玉の松ちゃん・尾上松之助・中村房吉
179. 吉備ものがたり(上)・市川俊介
180. 中鉄バス沿線・中鉄バス㈱企画部
181. 飛翔と回帰―国吉康雄の西洋と東洋・小澤善雄
182. 岡山の智頭線・河原　馨
183. 出雲街道・片山　薫
184. 備中高松城の水攻め・市川俊介
185. 美作の霊場めぐり・川端定三郎
186. 吉備ものがたり(下)・市川俊介
187. 津山の散策にし ひがし・黒田　晋・竹内平吉郎
188. 倉敷福山と安養寺・前川　満
189. 鷲羽山・山本慶一・西田正憲
190. 和気清麻呂・仙田　実
191. 岡山たべもの歳時記・鶴藤鹿忠
192. 岡山の源平合戦談・市川俊介
193. 岡山の氏神様・二宮朔山
194. 岡山の乗り物・蓬郷　巌
195. 岡山・備前地域の寺・川端定三郎
196. 岡山ハイカラ建築の旅・河原　馨
197. 牛窓(うしまど)を歩く・前川　満
198. 岡山のレジャー地・倉敷ぶんか倶楽部
199. 斉藤真一の世界・斉藤裕重・イシイ省三
200. 巧匠　平櫛田中・原田純彦

201. 総社の散策・神野力・葛原克人・加藤信二
202. 岡山の路面電車・楢原雄一
203. 岡山ふだんの食事・鶴藤鹿忠
204. 岡山のふるさと市・倉敷ぶんか倶楽部
205. 岡山の流れ橋・渡邉隆男
206. 岡山の河川拓本散策・坂本亜紀児
207. 備前を歩く・前川満
208. 岡山言葉の地図・今石元久
209. 岡山の和菓子・太郎良裕子
210. 吉備真備の世界・中山薫
211. 柵原散策・片山薫
212. 岡山の岩石・野瀬重人・沼野忠之
213. 岡山の能・狂言・金関猛
214. 岡山の鏝絵・赤松壽郎
215. 山田方谷の世界・朝森要
216. 岡山おもしろウオッチング・おかやま路上観察学会
217. 岡山の通過儀礼・鶴藤鹿忠
218. 日生を歩く・前川満
219. 備北・美作地域の寺・川端定三郎
220. 岡山の親柱と高欄・渡邉隆男
221. 西東三鬼の世界・小見山輝
222. 岡山の花粉症・三好・難波・岡 岡野・山本
223. 操山を歩く・谷淵陽一
224. おかやま山陽道の拓本散策・坂本亜紀児
225. 霊山熊山・仙田実
226. 岡山の正月儀礼・鶴藤鹿忠
227. 原子物理学の父 仁科芳雄・井上泉・イシイ省三
228. 赤松月船の世界・定金恒次
229. 邑久を歩く・前川満
230. 岡山の宝箱・臼井洋輔・臼井隆子
231. 平賀元義を歩く・渡部秀人・竹内佑宜
232. 岡山の中学校運動場・奥田澄二
233. おかやまの桃太郎・市川俊介
234. 岡山のイコン・植田心壮
235. 神島八十八ヶ所・坂本亜紀児
236. 倉敷ぶらり散策・倉敷ぶんか倶楽部
237. 作州津山 維新事情・竹内佑宜
238. 坂田一男と素描・妹尾克己・イシイ省三
239. 岡山の作物文化誌・臼井英治
240. 児島八十八ヶ所霊場巡り・倉敷ぶんか倶楽部
241. 岡山の花ごよみ・前川満
242. 英語の達人・本田増次郎・小原孝
243. 城下町勝山ぶらり散策・橋本惣司・倉敷ぶんか倶楽部
244. 高梁の散策・朝森要
245. 薄田泣菫の世界・黒田えみ
246. 岡山の動物昔話・立石憲利・江草昭治
247. 岡山の木造校舎・河原馨
248. 玉島界隈ぶらり散策・小野敏也・倉敷ぶんか倶楽部
249. 岡山の石橋・北脇義友
250. 哲西の先覚者・加藤章三
251. 作州画人伝・竹内佑宜
252. 笠岡諸島ぶらり散策・NPO法人かさおか島づくり海社
253. 磯崎眠亀と錦莞莚・吉原睦
254. 岡山の考現学・おかやま路上観察学会
255. 「備中吹屋」を歩く・前川満
256. 上道郡沖新田・安倉清博
257. 続・岡山の作物文化誌・臼井英治
258. 土光敏夫の世界・猪木正実
259. 吉備のたたら・岡山地名研究会
260. いろはで綴るボクの子供事典・赤枝郁郎
261. 民話の里鏡野町伝説紀行・立石憲利・片田知宏
262. 笠岡界隈ぶらり散策・ぶらり笠岡友の会
263. つやま自然のふしぎ館・森本信一
264. 岡山の山野草と野生ラン・小林克己
265. 文化探検 岡山の甲冑・臼井洋輔
266. ママカリ ヒラに まったりサーラ・窪田清一
267. 岡山の駅舎・河原馨
268. 守分 十の世界・猪木正実
269. 備中売薬・土岐隆信・木下浩
270. 倉敷市立美術館・倉敷市立美術館
271. 津田永忠の新田開発の心・柴田一
272. 岡山ぶらりスケッチ紀行・南一平・網本善光
273. 倉敷美観地区歴史と民俗・吉原睦
274. 森田思軒の世界・倉敷ぶんか倶楽部
275. 三木行治の世界・猪木正実
276. 岡山路面電車各駅街歩き・倉敷ぶんか倶楽部
277. 赤磐きらり散策・高畑富子
278. 岡山民俗館 民具一〇〇選・岡山民俗学会
279. 笠岡市立竹喬美術館・笠岡市立竹喬美術館
280. 岡山の夏目金之助(漱石)・横山俊之・熊代正英
281. 吉備の中山を歩く・熊代哲士・熊代建治
282. 備前刀 日本刀の王者・佐藤寛介・植野哲也
283. 繊維王国おかやま今昔・猪木正実
284. 温羅伝説・中山薫
285. 現代の歌聖 清水比庵・笠岡市立竹喬美術館
286. 鴨方往来拓本散策・坂本亜紀児
287. 玉島 旧柚木家ゆかりの人々・倉敷ぶんか倶楽部
288. カバヤ児童文庫の世界・岡長平
289. 野﨑邸と野﨑武左衛門・猪木正実
290. 岡山の妖怪事典 妖怪編・木下浩
291. 松村緑の世界・黒田えみ
292. 吉備線各駅ぶらり散策・倉敷ぶんか倶楽部
293. 「郷原漆器」復興の歩み・高山雅之
294. 作家たちの心のふるさと・加藤章三
295. 自画像の異彩画家 河原修平の世界・倉敷ぶんか倶楽部
296. 岡山の妖怪事典 鬼・天狗・河童編・木下浩
297. 歴史・伝承・文学・アート 岡山の魅力再発見・柳生尚志
298. 井原石造物歴史散策・大島千鶴
299. 岡山の銀行 合併・淘汰の150年・猪木正実
300. 吹屋ベンガラ・臼井洋輔